Johann Heinrich Liebeskind

Rückerinnerungen von einer Reise durch einen Teil von Deutschland, Preußen, Kurland und Livland,

während des Aufenthalts der Franzosen in Mainz und der Unruhen in Polen

Johann Heinrich Liebeskind

Rückerinnerungen von einer Reise durch einen Teil von Deutschland, Preußen, Kurland und Livland,
während des Aufenthalts der Franzosen in Mainz und der Unruhen in Polen

ISBN/EAN: 9783743407022

Hergestellt in Europa, USA, Kanada, Australien, Japan

Cover: Foto ©ninafisch / pixelio.de

Weitere Bücher finden Sie auf **www.hansebooks.com**

Rükerinnerungen

von

einer Reise

durch einen Theil von Teutschland, Preußen, Kurland und Liefland, während des Aufenthalts der Franzosen in Mainz und der Unruhen in Polen.

———

Strasburg, 1795.

Inhalt.

1. Ein Fingerzeig.   Seite 1
2. Prolegomena.   2
3. Beschreibung eines Frankfurter Johann Hagel Festes.   27
4. Reise von Frankfurt nach Königstein.   34
5. Abendessen im Gefängniß.   41
6. Skizze der Festung Königstein.   53
7. Kurze Geschichte der Einnahme und Wiedereroberung Königsteins.   57
8. Lebensart der Gefangenen auf Königstein   66
9. Besuche auf der Festung.   91
10. Omitte mirari beatae Fumum et opes strepitumque Romae   96
11. Fromme Thorheiten.   102
12. Hinblik auf die Belagerung von Mainz, von einem Berge.   108
13. Die Blessirten in Höchst.   114
14. Kurze Geschichte der Einnahme und Wiedereroberung der Stadt und Festung Mainz.   118
15. Georg Forster.   149
16. Kurze Geschichte der Einnahme und Wiedereroberung Frankfurts a. M.   163
17. Adam Philipp Cüstine.   178
18. Lückenbüßer.   183

19. Vom teutschen Adel. 193
20. Umsonst sieht die Vernunft ꝛc. 210
21. Georgia Augusta. 218
22. Lüneburger Heide. 227
23. Aufenthalt in Lübek ꝛc. 230
24. Ankunft in Dünamünde. 242
25. Dünabrükke in Riga. 251
26. Einige historische Nachrichten von Liefland und Riga. 260
27. Einige topographische Bemerkungen über Riga. 275
28. Rigische Vergnügungen. 291
29. Ein paar Worte über den rigischen Handel. 299
30. Justizwesen und Polizei in Riga. 312
31. Jebionamat. 320
32. Russische Anecdoten. 325
33. Die Familie Biron. 345
34. Mitau. 358
35. Reise von Mitau nach Libau 373
36. Ein Frühstük mit poln. Sansculottes. 379
37. Reise von Polangen nach Memel. 393
38. Das Fischerdorf Nidden. 398
39. Beschreibung der Fischerei im kurischen Haff. 403
40. Beschluß. 411

1.

Ein Fingerzeig.

Da der Verfasser seine kleine Reise nicht in der Absicht anstellte, um dem gelehrten und geehrten Publikum über kurz oder lang mit einer kleinen Reisebeschreibung ein Geschenk machen zu können; so hat er auch für die Gelehrten keine Bemerkungen gesammelt, und weder Wegeslängen noch Polhöhen ausgemessen, noch sonst etwas gethan, was gelehrte Reisende zu thun pflegen. Nur Rückerinnerungen kann er liefern, und zu diesen vielleicht einige passende Reflexionen, die ihre ganze Bestimmung erreichen, wenn sie dem von Geschäften ermüdeten Leser eine leichte Unterhaltung gewähren.

2.

Prolegomena.

Das Ding, was dem Verfasser sowohl zu Haus, als auf seiner Reise immer am merkwürdigsten schien, ist — der Mensch in seinen verschiedenen Modifikationen und Gestalten, der Weise wie der Tollhäusler, der Allergnädigste wie der Allerunterthänigste, der Freie wie der Sklav. Jeden verräth seine Sprache, jeder denkt anders, jeder handelt anders.

Dieß gilt nicht nur von einzelnen Menschen, sondern von ganzen Kasten und Völkerschaften. Hier erhebt sich eine Nazion zu Herren der Erde; dort kriecht eine andere im Staube; hier sieht man Menschen auf die glänzendste Stufe des Glücks erhoben, dort andere in Koth getreten, ohne sich eben einen sehr vernünftigen Grund von beiden Phänomenen denken zu können.

In Rußland, Liefland, Kurland und Polen fallen vorzüglich die Extreme der äußersten Macht und Unmacht dem fremden Beobachter in die Augen. In diesen Ländern ist es dem adelichen Gutsherrn noch immer erlaubt, seine leibeigenen Menschen wie sein leibeigenes Vieh zu behandeln, und die Kinder der erstern wie die Jungen des letztern nach Gutdünken zu veräußern. Noch mehr! man nennt diese Versündigung an der Menschheit ein Recht, und trägt Bedenken, es abzuschaffen. Ungeachtet nun auch hie und da gedruckte Verordnungen gegen diesen Unfug ergangen seyn mögen; so wird doch selten die angedrohte Strafe an den Uebertretern des Gesetzes vollzogen. Höchstens bekömmt der edle Gutsherr in solchen Fällen eine gelinde Vermahnung, seinen Leibeigenen nicht ferner Veranlassung zu geben, über ihn Klage zu erheben; die armen Bauern werden aufs schärfste zur Ruhe und zum Gehorsam verwiesen; der Advokat der Bauern wird als ein

Aufwiegler über die Grenze gebracht, — und nun ist alles wieder in seiner Ordnung.

Noch zur Zeit betrachtet die nordische Politik die Leibeigenschaft als ein nothwendiges Übel, durch dessen Abschaffung das Wohl des Staats in Gefahr gerathen könnte. Gerade so dürfen gewisse Leibesschäden nicht zugeheilt werden, weil ein schleuniger Tod davon die Folge seyn würde. Rußland würde sich sogar schon in Gefahr glauben, und also schwerlich ruhig dabei bleiben, wenn in Polen die Leibeigenschaft aufgehoben werden sollte. Der Verfasser versteht sich zu wenig auf die politische Heilkunde, um beurtheilen zu können, in wie fern jene Maxime zu billigen sey oder nicht; doch glaubt er, daß Rußland erst dann anfangen wird, ein glückliches Reich zu seyn, wenn es aufhören wird, sich vor Sklaven zu fürchten.

Wenigstens wäre zu wünschen, daß man bei jenem Grundsatze (der immerhin wahr seyn mag, wenn man unter der Abschaffung der Leibeigenschaft eine plötzliche Abschaffung derselben verstehen will) sich nicht beruhigen; sondern durch den Gedanken, daß die Leibeigenschaft doch immer ein Übel ist, sich destomehr angespornt fühlen möchte, durch die sukzessive Aufhebung derselben mit jedem Tage mehr Land für die Menschheit zu gewinnen. Und dieß wird gewiß geschehen, wenn nur erst ächte Humanität die Herzen der nordischen Besitzer des platten Landes eben so sanft gestimmt haben wird, als ihre weise Kaiserin dieses gleich von Anfang ihrer Regierung an durch ihr Beispiel zu bewirken gesucht hat. Man muß von Rußland nur nicht alles auf einmal verlangen.

Neben jener faktischen Ungleichheit der Rechte fällt demjenigen, der sich in der Welt ein bischen umgesehen hat, noch eine andere Ungleichheit in die Augen; nämlich die, daß vom Obersten bis zum Untersten so wenige Menschen auf dem Posten stehen, der eigentlich zu ihren individuellen Eigenschaften paßt, und daß folglich so wenige Menschen das in der Welt gelten, was sie gerade werth sind.

Dieß ist nun freilich zum Theil eines jeden eigene Schuld, in so fern es wahr ist, daß es in der Macht eines jeden steht, zu gelten, was er will. Aber hiezu gehört auch savoir faire. Wer z. B. die Kunst der Intrigue nicht versteht, dem werden die Verdienste, die er übrigens besitzen mag, bei seinen Zeitgenossen wenig Früchte bringen. Zudem ist es ja keinem zuzumuthen, den Werth des andern zu kennen, wenn dieser ihn nicht selbst ins Licht stellt. In England hat man eine überaus vernünftige und leichte Art, den Werth eines Menschen auszumitteln. Die Frage: What is he worth? (was ist er werth?) heißt dort so viel, als die: was hat er jährlich zu verzehren?*) Daraus läßt sichs allenfalls erklären, woher

---

*) quia tanti, quantum habeas, sis. Hor. Serm. (I. 62.) d. h. weil jeder nur so viel werth ist, als er hat.

es kommt, daß mancher in der Welt für voll gilt, ungeachtet er auf der Schnellwage, auf welcher der Philosoph Menschen wiegt, zu leicht befunden werden würde, und daß es Menschen geben kann voll Verdienste ohne Orden, und andere voll Orden ohne Verdienste. Das geht nun einmal so in der Welt, und es lohnt kaum die Mühe, ein Wörtchen darüber zu verlieren.

Aber der Neuling, der das alles und noch mehr zum erstenmale bemerkt, und Dinge vor seinen Augen vorgehen sieht, von denen in allen seinen Kompendien der natürlichen und positiven Rechte, der Moral und der Philosophie kein Wort enthalten ist, hält der Welt Lauf für Anomalien, stuzt, und glaubt sich bei seinem Eintritt ins praktische Leben wie in eine neue Welt versezt.

Im Grunde hat ein solcher auch nicht Unrecht. Es giebt wirklich eine Welt in der Welt: die idealische in der wirklichen. In der erstern befindet sich der Sohn des Genius

und der Natur so wohl, so ruhig; da phan-
tasirt er so schön; keine unedle Leidenschaft
stört seine Zufriedenheit; keine fremde Kränkung trübt seine Laune; die Fortschritte seines
Nachdenkens und seiner innern Ausbildung
werden durch nichts unterbrochen. Er träumt,
was er wünscht, und sieht was er träumt —
die Welt im Gukkasten! Aus seinen eigenen
Ideen bereitet er sich ein sanftes Lager; die
allgemeine Weltgeschichte dient ihm zum Pol-
ster, und die Philosophie zur Dekke.

Aber kaum hat er den Fuß über die
Schwelle seiner Studierstube gesetzt, ach! so
verändert sich alles. Er denkt, er spricht, er
geht, er steht nicht so wie andere Menschen.
Er wird ängstlich, und noch ängstlicher macht
ihn die Entdekkung, daß andere dieß merken.
Jetzt hilft ihm sein Nachdenken über das, was
wahrhaft gut und vernünftig ist, soviel als
nichts. Die Geschichte des Tages tritt an
die Stelle der allgemeinen Weltgeschichte, der
herrschende Ton an die Stelle seiner eigenen

Ideen, und Etikette an die Stelle der Philosophie; fürwahr die schlechtesten Surrogate, die man sich nur denken kann. Daher geschieht es, daß oft gerade diejenigen, die sich am meisten bemüht haben, Menschen zu werden, am ungeschicktesten sind, unter den Menschen zu leben. Man erinnere sich hiebei an J. J. Rousseau, von dem dieses vorzüglich bekannt ist. Es giebt aber der unbekanntern Rousseaue gewiß noch mehrere.

So angenehm aber auch das beschauliche Leben ist, so ist es doch, wo nicht edler, doch der Bestimmung des Menschen angemessener, sich dem praktischen Leben zu widmen, und nur in Ruhestunden sich dem beschaulichen zu überlassen. Beides wechsle ab, wie Arbeit und Erholung. Handeln macht den Mann, und dadurch gewinnt sowohl der Körper als der Geist Kraft und Gewandtheit. Zuverläßig ist es meistentheils nur übermäßiger Hang zur Ruhe, der in Schwäche ausartet, wenn man den Weltleuten nicht die Stirne zu bieten vermag, und sich von ihnen ganz hinter das Pult in der Studierstube zurückscheuchen läßt. Zuweilen möchte aber auch wohl spezifike Leichtigkeit der Grund seyn, warum so manche im Gewühle des praktischen Lebens so glücklich oben auf schwimmen. In der Abgeschiedenheit von der Welt hat man überdieß beinahe gar keine Gelegenheit, sich selbst kennen zu lernen; ohne den Umgang mit den Menschen ist es fast schwer, einen nur etwas richtigen Begriff von dem Guten und von den Übeln zu bekommen, die sich in der Welt befinden. Und gleichwohl läßt sich ohne richtige Prämissen kein richtiges Urtheil von dem Werthe der uns umgebenden Dinge fällen. Wenn ich übrigens von Übeln in der Welt spreche, so verstehe ich darunter blos Modifikazionen der verschiedenen Kräfte zur Erhaltung des Ganzen. Denn es ist doch wohl kein Übel, daß es unter den gleichen Zahlen auch ungleiche giebt? Auf der Studierstube schlafen ferner nicht selten die besten Kräfte ein, oder bleiben

unentwickelt; man sieht sich da in keine wichs
tige Geschäfte verflochten, geräth in nicht so
viele und mancherlei Versuchungen, Verhält,
nisse und Lagen, bekommt keinen so richtigen
und schnellen Überblick, lernt seine eigene
Schwäche weniger kennen, und wird daher
leicht stolz und hart gegen andere; im Ganzen
aber nicht so genießbar, als man jm prakti
schen Leben hätte werden können.

Da aber — die Sache von der andern
Seite betrachtet — das thätige Leben in öf
fentlichen Geschäften gleichsam etwas Korrosi
ves mit sich führt, wodurch unvermerkt die
Glätte und die Feinheit des moralischen Ge
fühls angegriffen, und, wenn dieses einmal
geschehen ist, der Gesichtspunkt verschoben
wird, aus welchem die hohen und niedern
Sterblichen dieses kurze Leben betrachten müs
sen; so ist es gewiß wohlgethan und nöthig,
sich oft aus dem Geräusche der Welt in sein
friedsames Museum, wie aus dem Weltmeer
in einen Haven, zurück zu begeben, um da

sich selbst wieder zu sammeln, und mit unbefangenem Geiste über den Werth der Dinge nachzudenken, von denen man sich bisher zur Freude oder Traurigkeit hat stimmen lassen, um künftig keiner Sache einen höhern Werth beizulegen, als sie wirklich verdient.

Dieß ist beinahe das einzige Mittel, sich vor beunruhigenden Vorurtheilen zu bewahren, oder wenn man deren schon eingesogen hat, sich von ihnen zu befreien.

Was den Umgang mit Menschen betrift, so ist es am Ende nicht halb so schwer, in Frieden und Freuden mit ihnen zu leben, als Rousseau, jener geistreiche Sonderling, es behauptete, und durch seine eigenen Schicksale beinahe glauben ließ. Durch einen geringen Grad von Biegsamkeit, und durch eine kleine Aufmerksamkeit auf diejenigen Thorheiten, die man mitmachen muß, um nicht das Ansehen zu bekommen, klüger seyn zu wollen, als andere, kann man sich Vergnügungen und Vortheile verschaffen, die viel zu wichtig sind, als

daß Gleichgültigkeit dagegen dem Herzen und
dem Verstande ihres Verächters Ehre machen
könnten.

Wer viel reist, wird nicht leicht ein Men-
schenfeind werden. Denn wer dieses ist, ist
krank, und die Bewegung im Wagen, verbunden mit der Veränderung und dem Genusse der frischen Luft, erhält Körper und
Geist gesund. Zudem findet man auch, wenige Ausnahmen abgerechnet, fast auf jeder
Meile Veranlassung, sich über die Gutartigkeit der Leute zu freuen, die gern ein freundliches Wort durch eine liebreiche Behandlung
erwiedern.

Güte um Güte, Liebe um Liebe! das ist
ein Hauptzug im Charakter des Menschen,
den die Regierungen nie aus den Augen verlieren sollten, theils um selbst mehr Herz zu
dem Volke zu fassen, theils um den Bürger
auf seiner schwächsten Seite unauflöslich an
den Staat zu binden. Es ist ja eine bekannte
Erfahrung, wie leicht kleine Gefälligkeiten

gegen das Volk es dem Regenten machen, der Abgott seiner Unterthanen zu werden, und wie leicht man durch unvorsichtige Einschränkungen der natürlichen Freiheit, oft ganz ohne Noth, das Volk erbittert, dem man nie muthwillig Hohn bieten sollte. Allein so lang alles noch seinen Gang geht, glaubt man nicht, daß es zu einer Revolution kommen werde, und ist sie einmal ausgebrochen, so sieht kein Mensch ab, wie und wann die gute Ordnung wieder hergestellt werden könne. Einmal giebt man zu wenig, das anderemal giebt man zu viel. Diese schlechte Politik ist vielleicht eine Hauptursache sowohl der amerikanischen als der französischen Revolution gewesen.

Wohin auch der Verfasser kam, fand er bei dem Volke Anhänglichkeit an seinen Regenten und an seine Verfassung; eine Anhänglichkeit, die sehr im Kontrast mit dem Misstrauen steht, das die Regierungen jetzt fast allenthalben gegen die Gesinnungen ihrer Bürger zu erkennen geben. Der gemeine Mann — und wer schämt sich wohl in dieser Rücksicht ein gemeiner Mann zu seyn? — spricht zwar gern frei und nach Herzenslust über alles, was die Zeitumstände merkwürdiges herbeiführen; er wundert sich wohl auch insbesondere über das Unternehmen der Franzosen, und über ihre mächtigen Fortschritte; allein der Hang zu räsonniren und zu deräsonniren darf einem Staate nicht verdächtig seyn; er ist dem Menschen natürlich, und eben darum die Befriedigung desselben, da niemand dabei etwas verliert, sehr verzeihlich. Frankreich giebt auch der Welt in jeder Rücksicht ein viel zu großes Schauspiel, als daß die Zuschauer dabei sollten gleichgültig bleiben können. So sieht man ja auch schon Trauerspiele mit Interesse im Theater aufführen, nimmt lebhaften Antheil an dem Gang der Handlung, und an den — gleichviel! — durch Güte oder Niederträchtigkeit, durch Glück oder Unglück sich dabei auszeichnenden Personen, verwunbert sich über die Intrigue, ist begierig auf den Ausgang, fragt sich wohl auch nach der Moral, die man sich vom ganzen Vorgange abziehen könne — spricht und widerspricht, ohne eben zu wünschen, eine mithandelnde Person zu seyn, oder wohl gar ein ähnliches Schauspiel in seiner eigenen Familie realisirt zu sehen. Nimmt man nun dem Bürger die Freiheit, sich über die Begebenheiten seiner Zeit durch Saalbadern oder Philosophiren zu erlustigen oder zu erheitern; so nimmt man ihm eines seiner angenehmsten Menschenrechte, dessen Verlust sich tief fühlt, und böses Blut zuwege bringt.

Man kann ja wohl sogar eine andere Regierungsform loben, ohne gerade derjenigen zu nahe zu treten, unter der man selbst lebt. Lange vor der französischen Revolution war es Ton, die englische Regierungsform als die musterhafteste unter allen zu schildern, und es laut zu sagen. Niemand hatte ein Arges daraus. Und jetzt glauben sich manche Regierungen bei den geringsten Aeusserungen über die französische Revolution, die doch noch so weit entfernt ist, den uneingeschränkten Beifall des Weisen zu verdienen, in Gefahr.

Wie gesagt, der Verfasser hat nirgends die Furcht und das Mistrauen der Regierungen gegründet gefunden, und es ließ sich durch sehr viele Beispiele aus der Geschichte bestätigen, daß das Volk, wenn es auch durch unweise Behandlung zum Aufruhr gezwungen worden ist, doch immer gern wieder zu seiner alten Verfassung und zu seinen Pflichten zurückkehrte.

Der Mensch ist warlich ein geduldiges Thier. Die Türken haben, wie bekannt, eine abscheuliche, ich hätte blos sagen können, eine türkische — Verfassung. Das Gutdünken des Sultans oder das Urf gilt unter ihnen wie ein Gesetz, und ist, wie Toderini sagt, durch schändliche Schmeichelei und falsche Grundsätze, oder durch sklavische Unterwürfigkeit der Türken, jetzt so weit ausgedehnt,

B

daß der Sultan täglich ungeahndet, und ohne sich der Tyrannei schuldig zu machen, 14 Unterthanen, schreibe vierzehn Unterthanen hinrichten lassen kann. So nachsichtig ist das Volk gegen seine Regenten!

Der christliche Unterthan ist froh, wenn sein Landesherr nur keine Sultanismen verübt; und der Türk hält seinen Sultan für einen sehr gnädigen Herrn, wenn er nur täglich nicht mehr als 14 Menschen abzuschlachten geruht.

Aber die Türken sind auch unaufgeklärte Menschen!? Das mag wohl seyn; aber es wäre schlimm, wenn man nunmehr auch schon als ausgemacht annehmen wollte, daß kein aufgeklärter Mann ein guter Unterthan seyn könne, da doch der Eintritt in den Staat die erste Morgendämmerung der Aufklärung bei jedem Volke gewesen ist.

Was die Regenten durch die helleren Einsichten ihrer Unterthanen verlieren, ist ver nünftiger Weise für keinen Verlust zu rechnen. Sie verlieren nämlich durch die Aufklärung den göttlichen Nimbus, in welchem sie ehedem, zu den Zeiten der Maslusse und Graswinkel, wie Halbgötter erschienen, die man gar nicht mit andern Menschenkindern in Vergleichung zu setzen wagen dürfte, und die, so wie der unmittelbare Reichsadel blos unter Kaiser und Reich steht, ebenfalls als ganz besondere Wesen unmittelbar unter Gott stünden, von dem sie als Gesalbte des Herrn auch ihren Thron erhalten hätten; die man folglich verehren und anbeten müsse, sie mögten sich nun als Geißeln Gottes, oder als Werkzeuge der göttlichen Gnade zeigen. Ein weiser Monarch kann unmöglich der Aufklärung deswegen gram seyn, weil sie, gleich der Sonne, die durch ihre Stralen die Nebel zerstreut, ihm diesen Nimbus genommen, und so seinen Unterthanen ihn nur desto liebenswürdiger gemacht hat. Uebrigens leidet es keinen Zweifel, daß die Aufklärung bessere und fähigere Menschen bildet, und also wohl schwerlich schlimmere Bürger hervorbringen könne. Denn jemehr der Unterthan die Wichtigkeit und hohe Bestimmung seines Regenten einsieht, desto reiner wird die Devotion seyn, die der Regent fordern kann, und desto bereitwilliger wird er die Pflichten erfüllen, die er dem Staate schuldig ist. Hält es denn nicht erstaunlich schwer, unter einem unaufgeklärten Volk sogar nützliche Einrichtungen zu treffen? Das Einimpfen der Pocken, Blitzableiter, neue Gesangbücher — lauter Einrichtungen zum Besten der Menschen, lassen sich gleichwohl dummen Gemeinden nicht ohne Widersetzlichkeit aufbringen.

Die Regierungen, vorausgesetzt daß sie sich Gutes bewußt sind, sollten sich daher bei den sichtbaren Fortschritten der Aufklärung über die wichtigsten Gegenstände des Lebens vielmehr Glük wünschen, statt durch fruchtlose Bemühungen sie zu hindern, sich vor dem Volke eine nachtheilige Blöße zu geben. Ein

Volk, das in einer Monarchie glücklich lebt, wird sich gewiß nicht aus Uebermaaß der Aufklärung einfallen lassen, seine Regierungsform durch eine Revolution mit einer republikanischen zu vertauschen. Es ist ja eine Thorheit, die ihres gleichen nicht hat, wenn man behauptet, daß die verbreitete Aufklärung in Frankreich schuld an dem gegenwärtigen traurigen Zustande dieses Reichs, und an dem so höchst unglüklichen Schicksal der Bourbons gewesen wäre. Was kann die berühmte Laterne in Paris dazu, daß Foulon und Konsorten an ihr gehangen worden sind.

Eine vorzügliche Schwäche verrathen ferner die Regierungen durch allzuhäufige Bücherverbote, und besonders durch die Verbote solcher Bücher, worin politische Materien mit Freimüthigkeit abgehandelt werden. Man giebt wenigstens dadurch zu erkennen, daß man seine Staatsbürger nicht für mündig genug hält, um über solche Dinge urtheilen zu können, und daß man selbst das Licht scheut. Die Folge davon ist die, der gemeine Mann macht den Schluß, daß die Regierung zu einem solchen Verbote ihre guten Gründe haben müsse, und geräth, wenn er einmal so weit ist, gar leicht auf die Vermuthung, daß diese Gründe nicht die reinsten seyn mögten. Nach der gemeinen Erfahrung „nitimur in vetitum" muß er doch sehen, was in dem Buche steht — kauft sich dasselbe heimlich, genießt von der verbotenen Frucht, und giebt seinem Nachbar auch davon. Beide lesen es von Anfang bis zu Ende mit stetem Hinblick auf ihre eigene Staatsverfassung, machen Folgerungen und Vergleichungen; und so wird das Buch, das ohne Verbot vielleicht nicht die geringste Sensation gemacht haben würde, wirklich schädlich. Wäre es nun nicht weit besser, dergleichen Bücher von den Kanzeln verlesen zu lassen, als sie zu verbieten?

Zuweilen fallen dergleichen Verbote wirklich ins Kleinlichte. So weiß ich eine große Stadt, in welcher einige Bilderchen im Revolutionsalmanach nicht mit diesem, ohnehin nicht übertrieben demokratischen Buche verkauft werden durften.

Weisen Regierungen war es von jeher angenehm, wenn Fehler in der Staatsverwaltung mit Bescheidenheit gerügt wurden. Man kann nicht anders als innige Freude empfinden, wenn man sich erinnert, daß vor der Publikation des neuen Preußischen Gesetzbuches, alle Sachverständige aufgefordert wurden, frei und offen ihre Meinung darüber zu sagen. In Preußen, wo ich nicht irre, scheut man überhaupt, schon seit den Zeiten Friedrichs des Zweiten keine Kritik.

Uebrigens ist es absurd, durch das Verbot solcher Schriften, welche politische Fehler aufdecken, das Übel gehoben zu glauben. Warum belohnt man nicht lieber den Schriftsteller, der gute Bemerkungen macht? Muß es nicht jedem Regenten lieb seyn, wenn die Schriftsteller die Landesstände vertreten wollen? Warum verbessert man nicht lieber den Fehler? dann fällt die Rüge von selbst weg. Und läßt er sich nicht sogleich verbessern? warum würdigt man das Volk nicht es darüber zu belehren? dann giebt sichs zufrieden. Und ist der Tadel ungegründet, oder unbescheiden vorgetragen: so ist das Volk, das seine Regierung liebt, gewiß am ersten darauf bedacht, diese an dem Schriftsteller durch Verachtung zu rächen. Politische Schriften sind gewiß nicht diejenigen, welche das Volk hauptsächlich aufklären. Physik, Philosophie, Geschichte, das sind die gefährlichsten Wissenschaften für Staaten, wo man Aufklärung für gefährlich hält.

Es ist daher drollicht genug, daß man zuweilen gerade in denjenigen Ländern den guten Dämon Aufklärung auszutreiben sucht, wo man ihm unter einem andern Namen Altäre baut, das heißt, wo Künste und Wissenschaften unterstützt werden, wo die Weisheit von Kathedern gepredigt, der Ackerbau befördert und die Industrie aufgemuntert wird.

Man sollte entweder das eine oder das andere nicht thun, und der Divan in Konstantinopel scheint mir in diesem Stükke weit konsequenter zu handeln, als so manche andere europäische Höfe. Seinem Interesse gemäß liebt er zwar die Aufklärung nicht, aber er baut ihr auch keine Altäre.

So lang man also nicht überhaupt alle Stühle der Weisheit und Gelehrsamkeit sperrt, und nicht alle Schriften, die von Künsten und Wissenschaften handeln, verbietet, sondern blos einzelne, die ins politische Fach einschlagen, so wird der Aufklärung sehr wenig Abbruch geschehen. Man richtet in diesem Falle nicht mehr aus, als derjenige bewirken würde, welcher, um ein Zimmer, in welches das Licht durchs Dach hereinfällt, ganz finster zu machen, einige Rizen an der Mauer desselben verstopfte.

Eine solche Politik reizt die Satyre, macht ihre Priester lächerlich, und entzieht ihnen das Ansehen, das selbst diejenigen besizen müssen, welche Gutes stiften wollen.

Das beste Mittel, das der Verfasser kennt, die Sicherheit und das Glük sowohl der Unterthanen als des Regenten zu begründen, ist dieses:

Man suche sorgfältig allenthalben die Staatsgebrechen auf, bemühe sich eifrig dieselben abzustellen, unterlasse nie zu lange die Reparatur, damit das Staatsgebäude nicht ganz baufällig werde; schränke nie ohne die äußerste Noth die natürliche Freiheit ein, und erhalte standhaft und männlich die gesetzgebende, richterliche und ausführende Gewalt in ihren Schranken und in ihrem Gleichgewicht. Geschieht dieses allenthalben, so wird auch kein Jahrhundert mehr durch eine Revolution, wie die von Frankreich ist, besudelt werden; und die Throne aller Regenten werden dann, selbst im Sonnenglanze der Aufklärung, fester stehen, als je ein Thron in den finstern Jahrhunderten des Mittelalters gestanden hat. Dieß ist mein Wunsch.

3.

Beschreibung eines Frankfurter Johann Hagel Festes im April 1793.

Zur Zeit, als es schon mit den Franzosen in Mainz zur Neige zu gehen anfieng, kannte der Pöbel in Frankfurt am Main keine größere Lustbarkeit, als die, an den sogenannten Klubisten, die hier eingebracht wurden, allen nur ersinnlichen Muthwillen verüben zu können. Man begriff unter dem Namen Klubist alle und jede, die mit den Franzosen auch nur in dem allerentferntesten Verhältniß, und wenn man es beim Licht besah, auch oft in gar keinem Verhältniß gestanden hatten. Die Regel des Ulpians: es ist besser, daß zehen Schuldige durchkommen, als daß ein Unschuldiger leide, setzte man damals ganz aus den Augen, und schien dafür den Grundsatz gelten zu lassen: „wer jetzt aus Mainz kommt „und sich daselbst einige Zeit unter den Neu„Franken aufgehalten hat, der hatte auch „Wohlgefallen an ihrem System, folglich ist „er ein Hochverräther, ein Feind seines Lan-

„desherrn, seiner Mitbürger und des teut-
„schen Reichs, ein ganz abscheulicher Mensch."

In einigen Distriktchen der Pfalz macht
die Luft eigen oder leibeigen. Mit denjenigen, welche die Mainzer Luft einige Monate
eingeathmet hatten, war es jetzt gerade der
umgekehrte Fall. Diese wurden für ausge-
machte Söhne der Freiheit gehalten, und
mußten auf der Vestung Königstein ihren
Klauenthaler bezahlen.

Eigentlich sollte wohl der Vestungsarrest
nicht einmal eine Strafe, sondern nur gleichsam eine Art von Quarantäne seyn, wo diejenigen, die von Orten, wo die politische Pest
herrschte, herkamen, wenn sie auch nicht an-
gestekt waren, doch auf allen Fall zur Vorsicht, damit gesunde Länder nicht auch verpestet
werden mögten, so lange, bis man sie für
hinlänglich gereinigt hielt, verweilen mußten.

Dem sey nun wie ihm wolle! im April 1793
sah ich an die funfzig Klubisten auf den Roß-
markt vor das Haus des preußischen Komman-

danten in Frankfurt führen. Auf dem Balkon standen Damen und Herren, die mit eben so mitleidigen Minen auf die Gefangenen herabsahen, wie ich mir vorstelle, daß Hildebrand und Mathilde von dem Schlosse Kanossa auf den busfertigen Kaiser Heinrich mögen herabgeblikt haben. Das Häuflein Klubisten war kaum von der unabsehlichen Menge Volks zu unterscheiden, das mit tobendem Ungestüm dasselbe von allen Seiten umgab. Rache, Schadenfreude und Neugierde waren beinahe auf allen Gesichtern gleich stark ausgedrükt, und ich fand da manche Originale zu Hogarths Kopien.

An der Spitze der Klubisten standen als Honoratioren der Professor Blau aus Mainz, der mit einem jungen Klubisten kreuzweis zusammengeschlossen war, der Kapellan Arensberger aus Kassel, ein Hofmeister und ein Doktor Medizinä. Diese hatten vorzüglich viel von der Zügellosigkeit des Pöbels auszustehen, von dem sie mit allen nur erdenklichen Schimpfwörtern belegt wurden. Wo die Schimpfwörter und Verwünschungen nicht hinreichten, da traf doch sicher ein Stein, ein stinkendes Ei, ein fauler Apfel, von denen die Spuren vorzüglich auf dem dunkelblauen Frak des Professors Blau zu sehen waren. Zuweilen wurden Real- und Verbalinjurien cumulirt, und den Klubisten Rippenstöße gegeben oder ins Gesicht gespieen.

Wer sich eine Heerde erboßter Affen im Geiste malen kann, mit allen ihren wunderlichen Grimassen und ihrem Zähnefletschen, der hat kein sehr unrichtiges Bild von dem Frankfurter Pöbel, den der Verfasser damals zu beobachten das Mißvergnügen hatte.

Aber wurden denn die gefangenen Klubisten nicht durch eine dabei stehende Wache geschützt? o ja! es stand Wache bei ihnen; aber theils befand sich der schützende Theil in keinem Verhältniß mit dem angreifenden; theils schienen es die Soldaten — wo ich nicht irre waren es Darmstädter — selbst nicht sehr gut mit den Klubisten zu meinen.

Zur Ehre des dabei befindlichen Offiziers muß ich bekennen, daß ich ihn öfters mit einer heitern Mine dem hereinstürmenden Pöbel zurufen hörte: „Machts nur nicht zu arg!" Nach ungefähr einer Stunde gegen 11 Uhr, wurde das Zeichen zum Abmarsch gegeben, das heißt, die Klubisten nun nach der Vestung Königstein zu transportiren.

Diese Ausschweifungen des Frankfurter Johann Hagels, hat auch der Magistrat dieser glüklichen Reichsstadt keineswegs gleichgültig angesehen, sondern sie ausdrüklich verboten. Das half aber nicht viel, denn der gröste Theil des Pöbels hatte einmal einen so vorzüglichen Geschmak an diesen Auftritten gewonnen, daß er nun Stunden weit, wenn Gefangene eingebracht werden sollten, ihnen entgegen zog, um außer der Stadt wenigstens sein Spiel noch forttreiben zu können.

Die Sachsenhäuser, die durch die Mainbrücke von der Stadt Frankfurt getrennt leben, sind ein ganz besonderer Schlag Leute, die sich vorzüglich durch ihre originelle Grobheit und Pöbelhaftigkeit auszeichnen, ungeachtet sie übrigens wegen ihrer Treue und Anhänglichkeit in Hinsicht ihrer Obrigkeit alle Achtung verdienen.

Die Stadt liegt sehr angenehm, und hat sehr schöne Spaziergänge und Gärten, die sehr häufig besucht werden; da man die Thore auch im Sommer sehr frühzeitig schließt, so geschieht es oft, daß sich die gemeinen Leute auf ihren Spaziergängen verspäten und erst halbweg sind, wenn auf den Wällen schon getrommelt wird. Um nun eine Kleinigkeit, die, wenn die Thore einmal gesperrt sind, für den Einlaß bezahlt werden muß, zu ersparen, laufen sie so stark, daß manche von ihnen Brüche bekommen, oder in Auszehrung verfallen. Ein Frankfurter Arzt versicherte dem Verfasser, daß dergleichen Fälle gar nichts seltenes wären.

Auch die politische Lage der Stadt ist sehr vortheilhaft. Sie hat kein Altona und keine gefährlichen Nachbarn.

Die Zahl der Einwohner rechnet man auf 40,000. Im Jahr 1792 wurden daselbst 885 geboren, 196 getraut, und 1079 sind gestorben.

Die Bürger kann man hier wirklich Bürger nennen. Sie genießen alle Rechte und Freiheiten, die nur immer in einer Staatsgesellschaft noch Statt finden können. Vielleicht nimmt man in manchen Dingen zu viel Rücksicht auf ihre pekuniarischen Vortheile. So darf z. B. kein Musikus, der nicht zugleich auch Bürger ist, Unterricht in der Musik ertheilen, weil die Bürgermusikanten oder Stadtmusikanten darunter leiden könnten.

4.

Reise von Frankfurt nach Königstein.

Diese Reise von zwo Meilen an einem schönen Frühlingstag, bleibt mir um deßwillen unvergeßlich, weil sie mir die peinlichste war, die ich jemals in meinem Leben gemacht habe *). Es ist wahr, die Gegend ist reizend; die Felder rings umher sind treflich angebaut; von Stund zu Stund stößt man auf einen wohlhabenden Flekken; die Wälder, die den Gesichtskreis beschränken, und zum Theil unterwegs auch Schatten geben, sind voll hoher Tannen und alter Eichen. Ist man einige Stunden gegangen, und blikt umher: so sieht man sich mitten unter Getreidefeldern, Fluren, Dörfern und Bergen; blikt man zurük, so zeigt

---

*) Da der Verfasser bereits durch einige Kapitel gezeigt hat, daß er bescheiden seyn kann, so wird man's ihm nunmehr verzeihen, wenn er von nun an der Kürze wegen, immer von sich in der ersten Person spricht.

sich Frankfurt noch immer in seiner ehrwürdigen Gestalt, und wiegt durch seinen Anblik den neuen Beobachter in angenehme Träume; sieht man vorwärts hin, so zeigen sich zwei alte Bergschlösser, Kronenburg und Falkenstein. Das letztere ist, wer weiß wie lange schon? in Schutt und Ruinen verwandelt; das erstere aber ist zwar auch seinem Untergange nahe; allein es steht auf einem Felsen, dessen Rükken mit Häusern prangt, und hat zu seinen Füßen ein Städtchen, das in einem der glüklichsten Himmelsstriche Deutschlands liegt.

Für alle diese Reize hatte ich dießmal keinen Sinn. Sie dienten vielmehr blos dazu, wenn ich sie auch dunkel gefühlt haben sollte, die bittere Empfindung zu verstärken, die durch den Kontrast bei mir entstand, in welchem mir die damals handelnden und leidenden Menschen mit der schönen Natur zu stehen schienen.

Der Offizier, der die 50 Klubisten, von denen ich im vorigen Abschnitt sprach, von Frankfurt nach Königstein eskortirte, war ein aristokratischer Enragé, der, vielleicht aus übelverstandenem Patriotismus, nicht nur die Pflichten seines ihm aufgetragenen Amtes, sondern auch die Pflichten der Menschlichkeit vergaß.

Oft zwang er die ermüdeten Gefangenen bergan bergab in gleichem Schritt zu marschiren. Ein alter Bauer mit geschwollenen Füßen bekam Fuchteln, so oft er zurük blieb, bis er seine Kräfte zusammenraffte, und mit den übrigen wieder eine kleine Strekke forttrippeln konnte. Dieser Mensch endigte sein elendes Leben nach einigen Tagen im Gefängniß.

Der Frankfurter Volksklumpen begleitete den Zug der Gefangenen bis weit vor die Thore der Stadt, und schien nicht Worte genug finden zu können, um seinen Unwillen den sogenannten Klubisten recht nachdrüklich fühlen zu lassen.

Wie sehr unterscheidet sich bei solchen Ereig:
nissen der gebildete und veredelte Mensch von
dem gemeinen Pöbel, der keine Großmuth
kennt, und im Morden Wollust findet, wenn
dem verfeinerten Menschen oft schon das Herz
blutet, strafen zu müssen.

Nach dem Pöbel darf man den Menschen
nicht beurtheilen, wenn man nicht Gefahr lau:
fen will ein Misanthrop zu werden, — dachte
ich damals; aber kennen lernen muß man ihn,
denke ich jetzt, um desto inniger den Werth
der bessern Menschen fühlen zu können.

Unter den Pöbel mischte sich auch ein Sol:
dat, der, nach seiner Uniform zu schließen,
kein Gemeiner war. Auch er suchte sein Müth:
gen zu kühlen. „Ich muß euch doch noch ein
Andenken auf den Weg geben,„ sagte er mit
zusammengebissenen Zähnen, und schon war
die Klinge gezogen, mit der er dem Professor
Blau und dem Kapellan Arensberger, jedem
drei so derbe Hiebe versetzte, daß Mann und
Fuchtel sich bogen. Da dieß eine ganz freie

Handlung war, die mit der kältesten Besonnenheit verübt wurde, so ließ sie mir einen tiefen Blik in den Charakter ihres Urhebers werfen. Dente lupus, Cornu taurus petit.

Hinter dem Zuge der Klubisten fuhren verschiedene Kutschen. In einer von diesen befand ich mich auf einem freien Rüksitz. Eine Zeitlang hatte ich gute Muße ungestört zu beobachten, und abwechselnd mich wieder meinen verschiedenen Gefühlen zu überlassen, ohne noch die Aufmerksamkeit meiner, beinahe möchte ich sagen, kanibalischen Begleiter auf mich gezogen zu haben. Durch ein sonderbares qui pro quo geschah es, daß einer aus dem Haufen auch mich für einen Gefangenen, und namentlich für Wedekind hielt, welcher sich, wie bekannt, hauptsächlich in Mainz verhaßt gemacht hatte. Dieser Irrthum verbreitete sich zu meinem Misvergnügen schneller als es mir lieb seyn konnte, und in einem Nu schwärmte eine Menge Gesindel um meinen Wagen her, um in meiner Person den ver-

meinten Wedekind zu sehen. Hier war gar an
kein Belehren zu denken!

Die anscheinende Gleichgültigkeit und das
bemitleidende Lächeln, das ich ihren pöbelhaf-
ten Ausfällen entgegensetzen zu müssen glaubte,
machte einen von den albernen Menschen, der
sich vorgenommen zu haben schien, Wedekin-
den aufs allerempfindlichste seinen Haß fühlen
zu lassen, beinahe wüthend.

Ich hatte eben noch so viel Zeit übrig, mein
Gesicht in eine andere Falte zu legen, um
einen Stein abzuhalten, den dieser Mensch
ohne mich aus den Augen zu verlieren, und
mit einer Miene aufgehoben hatte, die mir
die Absicht, zu der er ihn bestimmt haben
mochte, ganz außer Zweifel setzte. Die Ausfälle dauerten fort. Ich war eben mit einem
Versuche beschäftigt, ob es mir nicht möglich
wäre, über etwas anderes nachzudenken, ohne
darauf zu hören, was um und neben mir
vorgieng, als ich auf einmal, wie aus dem
Schlaf aufgeschreckt, bei den Worten eines

Menschen zusammen fuhr, welcher hoch und theuer versicherte, „daß er vier Wochen kein Fleisch essen wollte, wenn er mir ein Messer in den Leib stoßen dürfte."

Ein zügelloser Trupp Menschen löste den andern ab und verfolgte die Gefangenen mit frischer Wuth bis über die Grenze. Alt und Jung strömte wie aus einem aufgestörten Wespennest von Dorf zu Dorf heraus aus den Häusern, und drängte sich herbei, um sein Contingent zu der Summe des Volksunwillens zu geben, der heute über diesen Transport Gefangene in vollem Maße ausgeschüttet wurde, bis sie endlich in Königstein ankamen. Da die Königsteiner so vieles durch die Franzosen gelitten hatten, so war ich in Ansehung der Klubisten in voraus wegen des Willkomms besorgt, den sie dort finden würden. Allein diese Leutchen zeigten sich an Menschlichkeit weit über den Frankfurter Johann Hagel erhaben. Da war keine Schadenfreude weder zu hören noch zu sehen. Auf den meisten Gesichtern lag noch blasser Kummer; und Gefühl des eigenen Unglüks macht stets mitleidig bei dem Elende Andrer.

5.

Abendessen im Gefängniß.

Gegen fünf Uhr ungefähr kam der Transport Gefangene in Königstein an. Sie wurden sämmtlich in einen der Vestungshöfe geführt, und Parthienweise in die besondern Gefängnisse vertheilt.

Die hohen alten Mauern, die dumpfe eingeschlossene Luftsäule, der naßkalte Dunstkreis, den keine Sonne erwärmt, die einzelnen Schildwachen, von deren Tritten die Bogengänge wiederhallten, das Geklirre der großen eisernen Schlösser an den Gefängnissen, und die Todtenstille, die übrigens mit schwarzem Gefieder über das Ganze ausgebreitet war, die blassen Gesichter der Gefangenen, die Schüch-

ternheit, mit der zuweilen einer oder der andre
ein paar Sylben ganz leise von sich hören ließ;
die Seufzer, die oft laut ausbrachen, mußten
jeden mit den traurigsten Ahnungen erfüllen.
Ungewohnt solcher Scenen, stokte mir gleichsam das Blut in den Adern, und mein Gefühl bekam eine solche Schärfe, daß es mir
am Herzen zu nagen anfieng. Hierzu kam
noch, daß ich schon damals wußte, daß sich
ganz unschuldige mit unter den Gefangenen
befanden.

Ein sehr gesetzter Mann, Hofrath B....
von dem ich es gewiß weiß, daß er, was Treue
und Anhänglichkeit an seinen Landesherrn und
seine Landesverfassung anbetrift, einer der
eifrigsten und wohlmeinendsten Aristokraten ist,
muß eine ähnliche Empfindung mit mir gehabt
haben. Er zog mich bei Seite und drükte
mir mit folgenden Worten die Hand: „ach!
„es blutet mir das Herz, wenn ich das Schik-
„sal dieser Leute betrachte, die wahrscheinlich
„zum Theil ganz unschuldig sind, zum Theil

„gewiß keine schlimmen Absichten mit den
„Schritten verbanden, die sie gethan haben."

Und als er hörte, daß ich mich länger hier aufhalten würde, so bat er mich, drei Karolin in Gold anzunehmen, die er mir überlassen wollte, um sie nach Gutdünken unter die Gefangenen zu vertheilen. Ich habe diesen braven Mann, der mich mit der Menschheit für den heutigen Tag gleichsam wieder aussöhnte, weder vorher jemals gesehen, noch nachher jemals wieder gesprochen, so sehr ich es auch gewünscht hätte.

Der Oberst-Wachtmeister und Kommandant der Vestung, Herr von B** war glücklicherweise ein gebildeter sanfter Mann, der schon durch sein freundliches leutseliges Ansehen vieles zur Erleichterung des Schiksals der Gefangenen beitrug, ungeachtet er es übrigens auf keine Weise an Aufmerksamkeit, um unter so vielen Menschen Ordnung zu erhalten, fehlen ließ.

Dieser Tag war für mich reich an Kontrasten. Man denke sich nur die freie Reichsstadt Frankfurt, und die Veste Königstein; den wüthenden Lieutenant, der die Gefangenen eskortirte, und den sanften Oberst-Wachtmeister, dem sie überantwortet wurden; den Offizier, der dem Professor Blau, und Kapellan Arensberger jedem beim Abschiede drei derbe Hiebe versezte, und den Hofrath, der mir beim Weggehen auf der Vestung drei Karolin für die Gefangenen in die Hand drükte.

Ich hatte meine guten Gründe, warum ich den Kommandanten bat, mich auf der Vestung zu lassen, und warum ich freiwillig auf einige Tage auf einen Theil meiner Freiheit Verzicht that. Er war so gut, unter den gehörigen Einschränkungen mir dieses zuzugestehen. Nun traf sichs zufälligerweise, daß der Wachtmeister-Lieutenant, dem der Kommandant das Detail überlassen hatte, mich troz meiner Protestation auch für einen wirklichen

Gefangenen hielt, und auf allen Fall, weil er, wie er sagte, heute nicht mehr Zeit hätte, mit dem Kommandanten darüber zu sprechen, mich ebenfalls in eines der Gefängnisse mit doppelten Thüren einschloß. Meine Gesellschafter waren der Professor Blau, der Kapellan Arensberger, Scheyer, und ein Hofmeister, der malgré bongré zu Kassel bei der Einweihung des Freiheitsbaums eine Rede hatte halten müssen.

Blau und Scheyer waren zusammengeschlossen und mußten für heute noch ihre Hand- und Fußeisen beibehalten. „Morgen sollen „sie euch abgenommen werden," — sagte der Wachtmeister-Lieutenant, — „aber wenn ihr „nicht ordentlich seyd, so seht zu was ge„schieht!" bei diesen lezten Worten hob er sehr bedeutend den Stok auf. Die beiden Gefangenen zündeten nun dem Teufel eine Kerze an, und versprachen sehr höflich, ihm nicht die geringste Ungelegenheit zu verursachen, und so wich der Unhold von ihnen.

Jezt machten meine Gesellschafter große Augen, weil sie nicht wußten, was sie eigentlich aus mir machen sollten, zumal da sie einstweilen annehmen mußten, daß ich ebenfalls ein Klubist wäre, der des Glaubens wegen säße, ohne daß jedoch von meinen Thaten ihnen etwas zu Ohren gekommen wäre.

Den Professor Blau kannte ich dem Rufe nach als einen gelehrten und philosophischen Kopf. Es war hier nicht der Ort sich gegenseitig viel zu komplimentiren, über die Ehre und das Vergnügen, das man hätte, sich hier persönlich kennen zu lernen. Unsere gemeinschaftliche Lage verkürzte die Sache ungemein.

Als sie nun nach einer kleinen Unterredung Zutrauen zu mir gefaßt hatten, fragten mich einige von ihnen: „ob ich wohl glaubte, daß „es ihnen den Kopf koste, oder ob lebens„längliche Gefangenschaft ihr Loos seyn wür„de?" und schienen dabei so ziemlich auf beide Fälle gefaßt zu seyn. Fürs erste dankten sie aber ihrem lieben Gott, daß sie nunmehr vor den Verfolgungen des Volks gesichert wären, und Blau meinte, wenn er nur Bücher hätte, so würde ihn auch eine lebenslängliche Gefangenschaft hier nicht sehr unglücklich machen.

Mittlerweile kam der Unteroffizier; der Hunger war bei allen auch schon sehr hoch gestiegen, und sie riefen ihn einstimmig um Speise an. Er versprach dieses, und zwar auch Fleisch, doch dieses nur gegen Pränumeration. Da keiner von ihnen Geld hatte, so konnte ich einen Theil des mir anvertrauten Kapitals gewiß nach der Absicht des Gebers hier sehr gut verwenden.

Noch aber war kein Tisch im Gefängniß, und die drei Füße an der vom Scheuern noch ganz nassen Bank waren so unglücklich vertheilt, daß sie den sonst ganz richtigen Satz, daß auf drei Füßen ein Tisch am festesten stehe, so schwankend wie möglich machten. Dafür wurde Rath.

Nun fehlte es auch an Licht, und als es kam, fehlte die Lichtputze.

Das Essen, ein Gericht als Gemüß zubereiteter Kartoffeln, erschien nun zur großen Freude aller Hungrigen; aber leider! keine Messer, keine Löffel und keine Gabeln, weil, wie der Unterofficier versicherte, keine mehr zu haben wären.

Endlich wurde auch eine Bouteille Bier gebracht, aber ohne Glas.

Es schmekte gleichwohl alles sehr gut, und hätte Diogenes diese Gesellschaft mit Strohhälmchen die Kartoffelstükchen herausstechen sehen, er würde gewiß seine Gabel, wie seinen Becher, als er einen jungen Menschen aus der hohlen Hand trinken sah, weggeworfen haben, wenn sich anders dieser rasende Sokrates nicht auf eine noch cynischeinfachere Art bei seiner Tafel beholfen hat.

Als abgegessen war, nahm der Aufwärter auch das Licht wieder mit fort.

Die Bettstellen waren mit Stroh ausgefüllt, ohne Matrazzen, Kopfkissen und Dekken. Also auch die physische Lage der Gefangenen war schlecht und stimmte mit dem Ganzen überein. Vorzüglich übel befand sich dabei der Professor Blau, dem die drei Fuchteln, die ihm der Offizier abzählte, den Rükken blutrünstig gemacht hatten, und der sich, weil er mit einem andern zusammengeschlossen war, auf dem harten Stroh nicht die geringste Erleichterung seiner Schmerzen verschaffen konnte.

Verschiedene Anekdoten, die sie mir erzählten, beweisen hinlänglich, wie sehr sie gleichwohl Ursache hatten mit ihrem gegenwärtigen Zustande zufrieden zu seyn.

Schon zusammengeschlossen wurden Blau und Scheyer durch einen Ort geführt, wo sie etwas Halte machten. Daß sich alles um sie her drängte, wie kleine Vögel um die Eule, versteht sich von selbst. Unter andern zeichnete sich ein Mann vorzüglich aus. Erst näherte er sich ihnen mit übertriebener höhnender Höf-

D

lichkeit, plözlich aber fiel er ihnen mit beiden Händen, wie ein Stoßvogel in die Bakken, spie und schlug um sich wie ein Wüthender, stampfte mit seinen Füßen auf die ihrigen, so daß die Schnallen davon flogen, und das alles unter einem Schwall der abscheulichsten Schimpfwörter und der gräßlichsten Verwünschungen.

Man wird Mühe haben, nicht auf die Vermuthung zu gerathen, daß dieser Mann wahnsinnig gewesen seyn müsse. Nichts weniger. Er ist ein Mann, der eine sehr hohe Würde bekleidet und im vollen Besiz seines Verstandes ist. Blau hat bei dem Verhör diesen Vorfall und den Namen dieses Mannes zu Protokoll gegeben.

Ecce iterum Crispinus! wieder ein aristokratischer Enragé, der durch sein Betragen gezeigt hat, daß sich die rasenden wie die gescheidten Leute in allen Ländern gleich sind.

Ein anderes Mal mußten Blau und Arensberger in einem Wirthshause übernachten, wo

Soldaten lagen. Sie wurden in der Stube auf Stroh hingeworfen, und fest gebunden, während dessen die übrigen tranken und die Nacht durch zusammen sprachen. Von Zeit zu Zeit kam einer oder der andre zu ihnen hin, und untersuchte, ob die Freiheitsprediger, wie sie genannt wurden, sich nicht etwa losgebunden hätten, und schnürte sie noch fester zusammen. Endlich banden sie sie selbst los und nöthigten sie zum Trinken, mit den Worten: Trinkt einmal auf Freiheit und Gleichheit! Jetzt mochten sie nun trinken oder nicht trinken, so erhielten sie Backenstreiche, entweder wegen ihres Herzens Härtigkeit oder wegen ihrer neuen Lehre, die den Vornehmen ein Greuel, und dem gemeinen Mann eine Thorheit ist.

Wenn sie dann bei Tage in der größten Hitze wieder weiter geführt wurden, und zuweilen sich niederwarfen, weil die Ermattung ihnen nicht mehr weiter zu gehen erlaubte; so wurden sie gemeinhin von ihren unbarmherzigen Führern wie das Vieh mit Prügeln wieder auf die Beine gebracht.

Dieß alles erzählte mir Blau mit einer so ruhigen Heiterkeit, die man sonst nur auf dem blassen Gesicht eines Sterbenden zu finden pflegt, der, einige Augenblicke vor seinem Hinscheiden, noch das Vergnügen eines ganz schmerzenlosen Zustandes genießt.

Am andern Morgen verließ ich diese vier Gefangenen, von denen ich noch so manches hörte, was mir interessant schien.

Der Kommandant war so höflich, sich wegen des Versehens zu entschuldigen, durch das ich eine Nacht bei Verbrechern hätte zubringen müssen.

6.

Skizze der Festung Königstein.

Die Grafschaft Königstein ist durch Erbschaft an das Kurfürstenthum Mainz gefallen. Die Festung liegt auf einem mittelmäßig hohen Felsen. Der Weg, der hinauf führt, ist schneckenförmig und geht durch drei geräumige Höfe. In dem mittlern steht die Kasarme, einige Magazine und ein Brunnen mit gutem frischem Wasser.

Das Wohngebäude ist ein Oblongum, das en face, wo ich nicht irre, funfzehen mit eisernen Gittern versehene Fenster zeigt. Es besteht aus zwei Stokwerken, und hat eben so viel Säle und bedekte Gänge, auf denen man in die verschiedenen Gefängnisse kommt, und außerdem noch viele und große Boden.

Das Ganze ist sehr geräumig und schließt eine ebenfalls sehr geräumige Kirche in sich. Oben auf dem einen Ende des Gebäudes steht ein Thurm, auf welchem ein Thürmer mit seinen Leuten wohnt.

Die Zimmer waren meistentheils der Reparatur bedürftig, und wurden von den Franzosen in einem höchst schmuzigen Zustande hinterlassen. So wie sich diese Nation in Teutschland zeigte, könnte man sie an Unsauberkeit den Italienern an die Seite setzen, in deren Palästen vieles befindlich seyn soll, was sowohl die Augen als auch noch andere Organe desjenigen beleidigt, dem die Gewohnheit noch nicht die Sinne dagegen fühllos gemacht hat. Dieß war völlig der Fall in Königstein.

In einem der Gefängnisse hatten sich die Gefangenen lange schon über den übeln Geruch beklagt. Man achtete nicht sehr darauf. Als aber endlich selbst die Aufwärter den Gestank unerträglich fanden, gieng man der Sache näher auf den Grund. Das Zimmer wurde also förmlich ausgemistet, und man wird diesen Ausdruk nicht zu stark finden, wenn ich sage, daß man bei dieser Operation unter dem

Unrath den Leichnam eines vermuthlich auf der Festung während der Belagerung verstorbenen Franzosen fand.

Auf dem Thurme der Festung genießt man die herrlichste Aussicht. Man sieht von hier aus die beiden Burgen Kronenburg und Falkenstein, dann Frankfurt und Höchst, und in Höchst ganz deutlich das vor der Stadt befindliche schöne Bolongarische Palais. Bei heiterem Wetter erblikt man auch Homburg und Darmstadt.

Unter den Bergen, die in der Entfernung von einigen Stunden einen halben Mond bilden, zeichnet sich vorzüglich der Altkönig aus, der ebenfalls vor Zeiten, wie die Ruinen zeigen, mit einer Burg versehen war, und von dem man bis nach Mainz sehen kann.

Ganz dicht am Fuße der Festung liegt das Städtchen Königstein, von dem man aber, da es, wie bekannt, fast ganz abgebrannt ist, lieber in der vergangenen Zeit sprechen sollte.

Was eigentlich die Festung betrifft, so kann ich als Laye nicht davon urtheilen. So viel weiß ich, sie hat sehr gute Kasematten, tüchtige Fallgattern und sehr starke doppelte Thore. Die nördliche Seite derselben ist vielleicht die schwächste was die Bauluna anbetrifft, aber dafür ist sie auf dieser Seite durch eine weite Ebene geschützt; und wie ich von Kunstverständigen hörte, könnte sie überhaupt bald sehr fest gemacht werden, wenn man glaubte, daß der Vortheil die Kosten aufwiegen würde.

Wie die Franzosen sie einnahmen, war alles in der schlechtesten Verfassung, und ihre Eroberung kostete ihnen kaum einen martialischen Blik, weil Widerstand thöricht gewesen wäre. Desto länger aber hielten sich die Franzosen,

7.

Kurze Geschichte der Einnahme und Wiedereroberung Königsteins.

Nachdem die Franzosen am 21. Oktober 1792 Mainz, und einige Tage darauf auch Frankfurt eingenommen hatten, so war es ihnen wohl etwas leichtes, auch die Festung Königstein zu bekommen, die in so fern für sie wichtig wurde, als sie von hier aus die Hauptpassage aus dem Reich nach Coblenz bestreichen konnten. Indessen blieben sie kaum fünf Wochen in dem ruhigen Besitz dieses Postens. Denn nach der am 2ten December desselben Jahrs erfolgten Wiedereroberung Frankfurts, wurden sie aus Bokkenheim, Rödelheim und Höchst vertrieben, und zogen sich in ihre Verschanzungen im Gebirge, nachdem sie die hölzerne Brükke über die Nidda bei Höchst in Brand gestekt hatten, zurük. Ein Theil der Franzosen warf sich in die Festung Königstein,

Der Preußische General, Prinz von Hohenlohe, verfolgte sie auf den Fuß. Erst bemächtigte er sich des vortheilhaften Posten von Ober-Ursel, dann des nahe vor Königstein befindlichen Dorfes und Bergschlosses Falkenstein, und machte 50 Mann zu Gefangenen, welche einen Brodtransport nach der Festung bringen sollten; am 5ten Dec. bekam er die Stadt Königstein, und am 6ten wurde, von dem Bergschloß Falkenstein aus, die Festung Königstein zu beschleßen angefangen. Die Belagerten thaten keinen Schuß. Die Kanonade wurde fortgesezt, und man erwartete stündlich, daß sich die Festung ergeben würde. Indessen hatte ihr die Kanonade keinen bedeutenden Schaden zugefügt.

Am 8ten Dec. entstand in der Stadt Königstein durch hineingeworfene Bomben ein großer Brand, der von etwa 150 Häusern kaum 30 übrig ließ. Die Einwohner Königsteins behaupteten allgemein, daß ihr Städtchen von den Preußen wäre zusammengeschossen

worden, und daß die Häuser am meisten
dem Bombenregen ausgesezt gewesen wären,
vor denen ein Baum stand, weil die Kanoniere diesen vermuthlich für einen Freiheitsbaum und die Einwohner für Französisch Gesinnte gehalten hätten. Ich habe aber Ursache an der Wahrheit dieser Behauptung zu
zweifeln. Denn erstens erforderte es wohl
der Vortheil der Belagerten, aber nicht der
Vortheil der Belagerer, die Stadt in Brand
zu schießen; es müßte daher zweitens ein Versehen der preußischen Kanoniere gewesen seyn,
die auf die Festung gezielt und die Stadt getroffen haben müßten. Wer kann aber so
etwas nur denken? Und wenn dieses nicht ist,
so bleibt nichts mehr übrig, als anzunehmen,
der Prinz von Hohenlohe habe aus Verdruß,
weil sich die Festung nicht sogleich ergab, nur
um Rauch zu sehen, seinen Kanonieren befohlen, die Stadt in Brand zu stekken. Da nun
das eine immer unwahrscheinlicher ist als das
andere, so wäre es Thorheit länger daran zu

zweifeln, ob die Feuersbrunst in Königstein durch französische Bomben oder durch deutsche entstanden sey.

Die Frankfurter waren so edel eine ansehnliche Kollekte für die unglücklichen Königsteiner unter sich zu veranstalten.

Da man durch die anhaltende Kanonade bisher nichts ausgerichtet hatte, so wurde die Belagerung von Königstein am 22sten December in eine Blokade verwandelt.

Einige Tage darauf wollten ungefähr 120 Mann aus der Festung flüchten: sie wurden aber wieder in dieselbe zurükgetrieben.

Unterdessen ereignete sich nichts Merkwürdiges, außer daß am 6ten Februar die Wache, welche die französische Garnison ausgestellt hatte, von den Preußen aufgehoben wurde.

Ein preußischer Unteroffizier schlich sich nämlich mit noch fünf Mann bei Nacht an die französischen Vorposten. So wie sie nahe genug waren, sahen sie auf einmal ihren Vorsheli ab, fielen plözlich der französischen

Schildwache um den Hals, verstopften ihr den Mund, banden sie, und ließen sie so liegen. Dieß war ihnen gelungen; nun mußten sie aber noch ein anderes Abentheuer bestehen, und die ganze französische Wache, die aus einigen und zwanzig Mann bestand, gefangen nehmen.

Einige hundert Schritte von den ausgestellten Vorposten stund ganz am Ende des Städtchens ein kleines Taglöhner Häuschen. Dieses diente den Franzosen zur Hauptwache. Es besteht blos aus einer Stube mit einem Fenster und einem Kämmerchen, in welchem der Besitzer mit seinem Weib und Kinde sich behelfen mußte.

Die Preußen hatten sich glüklich und unbemerkt herangeschlichen; der Unteroffizier gieng voraus, und trat auf einmal mit dem Säbel in der Hand in die Stube, wo die Franzosen, ohne so etwas zu vermuthen, beisammen saßen. Im Nu war das Licht ausgelöscht und die Thür hinter dem Unteroffizier zugeschlagen, der nun von seinen Leuten getrennt, sich ganz allein gegen etliche zwanzig wehren mußte. Er verlohr die Gegenwart des Geistes nicht, hieb muthig um sich her, bis seine Kameraden die Thüre eingesprengt hatten, die wirklich so glüklich waren eilf Franzosen zu tödten und zehn zu Gefangenen zu machen. Nur ein einziger rettete sich durch einen Sprung durchs Fenster. Einer von den Preußen fieng ihn zwar auf, und hielt ihn so, daß der Kopf auf der Erde und die Füße in die Höhe standen. Der Franzose hatte aber auch in dieser mißlichen Lage noch Entschlossenheit genug, seinen Säbel zu ziehen, und ihn dem Preussen durch den Leib zu stoßen. Auf diese Art entkam er; der einzige, der von diesem kühnen Wagestük der Preußen die Nachricht in die Festung zurükbringen konnte.

Unter den Offizieren auf der Festung befand sich auch ein Vetter des Oberst Eikemeyer in Mainz. Wie man sagte, war er in der lezten Zeit Kommandant der Festung, woran ich jedoch zweifle. Er hatte sich schon verschiedenemale des Schweinhirtens zu Königstein als Spion bedient, und ihn auch verschiedene Male in Geldangelegenheiten nach Mainz an Cüstine geschikt. Eikemeyer wurde immer richtig bedient, und gleichwohl betrogen. Der Schweinhirt entdekte nämlich die Sache dem Prinzen von Hohenlohe. Die Briefe wurden zwar eröffnet, aber auch wieder zugemacht und dem Schweinhirten sie weiter zu bringen erlaubt; und so giengs mit der Antwort auch. Eikemeyer sezte nun volles Zutrauen in diesen Kerl, und entwarf mit ihm sogar einen Plan, aus der Festung zu entkommen, ohne daß er von den Preußen aufgefangen würde. Der Schweinhirt malt ihm die Ausführung dieses Plans sehr leicht vor, und sagt, er möchte sich nur auf ihn verlassen. Die Mittel werden verabredet; Zeit und Ort bestimmt, aber auch der preußische General sogleich aufs genauste von allem unterrichtet.

Er bringt Eikemeyer wirklich sicher aus der Festung und aus der Stadt. Sie waren schon ein paar Stunden gegangen; kein Preuße ist zu hören und zu sehen. Der Schweinhirt fürchtet, sein Plan, Eikemeyern den Preußen in die Hände zu spielen, möchte fehl schlagen; er stellt sich, als wenn er vor Müdigkeit und Schläfrigkeit, ohne etwas auszuruhen nicht mehr weiter könne; gähnt, wird mürrisch, bittet aber endlich Eikemeyern, da nunmehr weiter nichts zu besorgen wäre, eine kleine Strekke, die er ihm sehr genau beschreibt, alleine vorauszugehen, er würde nur ein Viertelstündchen schlafen und ausruhen.

Eikemeyer thut dieses; der Schweinhirt sucht unterdessen ungesäumt die Preußen auf, trifft sie, und Eikemeyer ist in dem Augenblik, wo er sich am sichersten glaubte, ein Gefangener der Preußen.

Dieser Schweinhirt, der bei seinen verschiedenen Sendungen immer sehr reichlich von beiden Seiten bezahlt wurde, erhielt auch für diesen lezten Coup eine sehr ansehnliche Belohnung. Gleichwohl möchte ich diesem Kerl auch meine Schweine nicht mehr anvertrauen.

Am 7ten März 1792 ergab sich endlich die Festung, nachdem sie sich drei Monate gehalten hatte. Die Garnison verlangte mit klingendem Spiele abziehen zu dürfen; dieses wurde ihr aber nur auf vierhundert Schritte gestattet, wo sie hernach das Gewehr strekken und sich zu Gefangenen ergeben mußte.

Sie hatten fast alle keine Strümpfe. Auf Befehl des Königs wurden ihnen Strümpfe zugeschikt. Am 8ten März kamen diese Gefangenen in Frankfurt an. Sie bestanden aus 421 Mann und 14 Offizieren. Von hier aus wurden sie nach etlichen Wochen mit noch mehreren nach Ehrenbreitstein transportirt.

8.

Lebensart der Gefangenen auf Königstein und ihre Behandlung.

Der Zustand der Gefangenen in Königstein war verschieden, ungeachtet man sich in ihrer Rüksicht nicht sehr nach Stand und Würden richtete. Verschiedene Male sah ich Leute von dem sonderbarsten Gemische sich in einem der Festungshöfe durchkreuzen, als: Canonici und Dragoner, Prediger und Juden, Schuster und Professoren, Zimmerleute und Augenärzte, Studenten und Wirthe, Schiffer und Fuhrleute.

Einige von ihnen hatten leidliche Gefängnisse, in so fern sie in Stuben eingeschlossen waren, deren Fenster ins Freie giengen; andere, die blos in einen der Festungshöfe sehen konnten, aber dabei doch in dem obersten Stokwerk wohnten, waren etwas übler daran; am schlimmsten aber befanden sich die, welche in den dumpfen kalten Gemächern des untersten Stokwerks aufbewahrt wurden, wohin zwar das Tageslicht, aber keine Sonnenstralen fallen konnten.

In jedem Zimmer lagen gewöhnlich vier, auch wohl mehrere beisammen, und in einem der Säle waren wohl an die vierzig Personen eingesperrt. Diese Gesellschaft mußte in der Folge manchem sehr lästig werden, zumal da die Unsauberkeit, wie es nicht anders zu erwarten war, im höchsten Grade einriß. Einige von den Gefangenen, wo nicht die mehresten, hatten nicht einmal Wäsche bei sich, weil sie aufgegriffen wurden, so wie sie giengen und standen. Nachher wurden verschiedenen Hemden gereicht, die sie aber, wie billig, bei ihrer Entlassung bezahlen mußten. Dessen ungeachtet nahmen doch gewisse Arten von Ungeziefer sehr überhand. Bei dieser allgemeinen Noth sah ich einmal den Canonikus von Winkelmann das Reinigungsgeschäfte an einigen seiner Mitgefangenen verrichten.

Dieser Mann war zwar Maire in Worms, und also in Diensten der Franzosen, aber daß er deßwegen auch schon straffällig wäre, davon kann ich mich nicht überzeugen. Ich habe viele Data zu seiner Geschichte in Händen gehabt, und hatte das Vergnügen, ihn auch persönlich kennen zu lernen.

Als Canonikus zu Worms hatte er sich bei seinen Obern durch seine Freimüthigkeit eben so verhaßt gemacht, als er wegen seiner Menschenfreundlichkeit bei allen, denen seine Freimüthigkeit nicht schaden konnte, beliebt war. Seine Rechtschaffenheit wurde aber von allen anerkannt. Als Cüstine nach Worms kam und zu munizipalisiren anfieng, sollte er Maire werden. Er verweigerte es; schrieb aber an das Vikariat und erwartete Verhaltungsbefehle: denn er wollte Worms nicht verlassen, weil ihm sein Gefühl sagen mußte, daß seine Gegenwart der Stadt Nutzen bringen würde; und daß dieß der Fall auch war, wird keiner in Abrede stellen, der Gelegenheit hatte, sich davon zu überzeugen. Es hier auseinander zu setzen, würde mich auf unnütze Weitläuftigkeiten führen. Das Vikariat antwortete ihm nicht auf seine Anfrage, und da er dieß für eine stillschweigende Bewilligung annehmen mußte, entschloß er sich die Mairestelle anzunehmen, die er gewiß zum Besten seiner teutschen Landsleute verwaltete. Als Cüstine in Mainz eingeschlossen war, legte Winkelmann seinen Posten nieder, und hatte darauf die Ehre, mit dem König von Preußen und dem Herzog von Braunschweig im Lager zu sprechen. Beide bezeugten ihm ihre Zufriedenheit mit seinem Betragen, und entließen ihn sehr gnädig. Kurz darauf aber wurde er arretirt, nach Frankfurt geschleppt, und nachdem er dort auf der Wache die härtesten Mishandlungen erlitten hatte, nach Königstein transportirt, wo er vielleicht noch jetzt sitzt, da ich dieses schreibe.

Es kann seyn, daß sich manche Teutsche, die in französische Dienste getreten waren, und nachher aufgefangen wurden, des Vorwands, daß sie es zum Besten ihrer Mitbürger gethan hätten, bedienten. Bei Winkelmann aber ist es durch viele Thatsachen und durch das Zeugniß seiner Mitbürger hinlänglich erwiesen, daß er der Stadt sehr wichtige Dienste geleistet hat. Wenn Ämter von den Franzosen, nun einmal in Teutschland besetzt werden sollten, so war es doch wohl besser, daß Teutsche sie verwalteten, als wenn man sie mit Franzosen besetzt hätte? und wenn man gerecht seyn will, so kann man einen solchen Mann doch wohl nicht eher für straffällig halten, als wenn man ihn überführen kann, daß er die Macht, die ihm die Neufranken anvertraut hatten, zum Nachtheil seiner eigenen Landsleute und des Landesherrn gemißbraucht habe? und dessen, glaube ich, wird man weder den Canonikus Winkelmann, noch auch den Professor Blau, von dem ich schon einigemale gesprochen habe, überführen können. Doch das nur im Vorbeigehen.

Wenn zuweilen einer oder der andere bat, daß man ihn in ein anderes Gefängniß zu ordentlichen reinlichen Leuten einquartieren möchte: so beantwortete dieses der Wachtmeister-Lieutenant mit dem schalen Witze: „He! „was da? Freiheit und Gleichheit!" und mit einem so hämischen schadenfrohen Lächeln, an dem jeder den abgestumpften unempfindlichen Kerkerknecht auf den ersten Blik würde erkannt haben.

In jedem der besondern Gefängnisse stand ein Zuber Wasser, das sowohl zum Waschen, als zum Trinken diente; späterhin wurden auch Krüge angeschafft. Jede Woche sollte frisches Stroh ausgetheilt werden; aber dieß wurde entweder aus Nachläßigkeit oder aus allzugroßer Besorgtheit der Aufwärter für ihr eigenes Interesse nicht sehr genau beobachtet; denn ich hörte fast allgemein und unaufhörlich darüber klagen, daß so selten frisches Stroh gereicht würde. Und dennoch mußte bei der Entlassung aus dem Arrest alles das Stroh von den Gefangenen bezahlt werden, das ihnen hätte gereicht werden können. Der Kurfürst hatte keinen Vortheil davon. Die Aufwartung und Heizung, die man, wegen der kalten Luft auf der Festung, bis in den Junius fortsetzen mußte, wurden ebenfalls den Gefangenen in Rechnung gebracht. Wer aber nicht täglich oder wöchentlich den Aufwärtern — die alle hohle Pfötchen machten — noch außer dem etwas erkleklichs gab, mußte es auf mancherlei Art entgelten: er wurde schlechter bedient, bekam manches, was er sich außer der Zeit für sein Geld wollte holen lassen, gar nicht, oder sein Essen kalt und später als die übrigen. Und freundliche Gesichter, die doch auch zur menschlichen Glükseligkeit gehören, waren hier auf keine Weise anders, als für baares Geld zu haben. Am besten thaten diejenigen, welche einen Soldaten oder eine Weibsperson von der Festung in ihre Dienste bekommen konnten; denn sonst sahen sie sich ewigen Nekkereien ausgesezt.

Dinte, Papier und Federn waren verboten, und die Briefe, die ankamen, wurden alle erst von dem Kommandanten erbrochen, und nach Gutbefinden ihren Eigenthümern entweder mitgetheilt, oder zurükbehalten. Wer auf der Festung an Auswärtige schreiben wollte, der mußte sich die Erlaubniß vom Kommandanten hiezu besonders erbitten, und ihm hernach auch den Brief offen zum Lesen und Versiegeln überlassen.

Täglich wurde den Gefangenen erlaubt, Truppweise sich eine Stunde in einem freien Platz auf der Festung aufzuhalten. Dieß war wirklich eine sehr menschenfreundliche Einrichtung, und eine wahre Wohlthat für die Gefangenen. Sie athmeten hier eine reine frische Luft, genossen die freie Aussicht auf die umliegende schöne Gegend, fanden Unterhaltung, und konnten sich die zur Erhaltung der Gesundheit nöthige Bewegung verschaffen. So wie die Stunde um war, so kam ein anderer Trupp. Das Zeichen zum Abzug wurde immer mit einigen Schlägen an der Mauer gegeben.

Als ich einst unten an der Festung vorbei spazieren gieng, gerade zu einer Zeit, wo Gefangene sich auf diesem freien Platz befanden, hörte ich von oben herab eine Stimme mich bei meinem Namen rufen. Es war der Hofrath und Augenarzt B**, den ich vor einigen Jahren auf der Universität E** kennen gelernt hatte. Dieser Mann war kurz vorher in Mainz als Aristokrat ins Gefängniß gesezt, aber nach etlichen Tagen wieder frei gelassen worden; und als er von Mainz wegging und nach Frankfurt kam, hatte er das Unglük für einen Klubisten gehalten zu werden, und wurde folglich nach Königstein gebracht, wo er drei Monate, wo nicht länger, sitzen mußte.

Er wußte schlechterdings nichts auf die bei Inquisitionen gewöhnliche Frage zu antworten, die auch ihm bei seinem Verhör vorgelegt wurde, nämlich: welches wohl die Ursache seines dermaligen Verhaftes sey? Der Inquirent meinte, er müsse doch so etwas anführen können: Inquisit versicherte, daß er sich keinen vernünftigen Grund denken könne.

Unter den Gefangenen fiel mir auch ein stattlicher Mann auf. Er gieng im Schlafrok, die Kalotte auf dem Kopf und die heilige Schrift unterm Arm, in die er auch zuweilen beim Spazierengehen einige Blikke warf. Er war zu Mainz im Klub, hielt Reden, und gab Traktamente, wie man sagte, um Bischof zu werden. Jezt gab er vor, er habe das alles gethan, um die Gesinnungen seiner Brüder auszuforschen.

Einst traf ich ihn an, als er eben in Schmids Geschichte der Teutschen las. Aus diesem Buch, sagte er in einem sehr erhabenen Ton, erkläre ich meinen Mitgefangenen die Pflichten der Unterthanen gegen ihren Regenten.

In den drei Monaten, April, Mai und Juni 1792 vergieng keine Woche, in der nicht neue Gefangene eingebracht wurden, unter denen sich wohl manche finden mochten, die aus Liederlichkeit und Vorwitz auf die Seite der Franzosen getreten waren, und also verblenten etwas auf die Finger zu bekommen.

Was mich betrifft, so finde ich es gegen alle Begriffe von Ehre, sich auf die Seite einer Nation zu schlagen, wenn gerade unsre eigene Nation oder unser Landesherr mit derselben im Kriege begriffen ist. Wenigstens sollte sich keiner nach seinem Übertritt gegen seine Landsleute gebrauchen lassen; dieß erfordert auch schon die Dankbarkeit, zu der sich gewiß jeder, der sich in einem Lande lange Zeit aufgehalten hat, innerlich verpflichtet fühlen wird. Und wie kann sich der in einem fremden Lande einen wohlthätigen Einfluß auf's Volk versprechen, von dem es bekannt ist, daß er gegen seine alten Landsleute und gegen seinen Regenten die Moral aus den Augen gesezt hat? Das Volk, und zumal das Volk zur Zeit einer Revolution, wird zügellos, sobald es sieht, daß selbst seine Häupter die

Moral verachten, auf die sich das Glük eines jeden Staats gründet. Auch bleibt es immer eine sehr zweideutige Entschuldigung, die dergleichen Überläufer für sich anführen; nämlich, daß man im Kollisionsfall, der hier nicht einmal ganz klar ist, die höhere Pflicht, für das Beste der ganzen Menschheit zu wirken, der minder wichtigen, sich ehrlich gegen seine Landsleute zu beweisen, vorziehen müsse; gleichsam, als wenn ohne ihre Mitwirkung die Menschheit schlimmer daran seyn würde, oder als wenn es so weit gekommen wäre, daß die ganze Menschheit leiden würde, wenn man sich länger durch Bedenklichkeiten, daß man seiner eigenen Nation etwa dadurch einen übeln Dienst leisten könne, hinhalten ließ. Der Fall wird nie eintreten; und so lange dieses nicht geschieht, kann derjenige, welchem es Ernst ist für's allgemeine Beste der Menschheit zu sorgen, seine Absicht nicht besser erreichen, als wenn er sich gewissenhaft sowohl der allgemeinen Pflichten gegen sein Vaterland und seinen Regenten, als auch der besondern Pflichten entledigt, die ihm in seiner individuellen Lage die Moral und die bürgerlichen Gesetze auferlegen.

Auch die Franzosen haben nichts tiefer empfunden und natürlicher Weise nichts tiefer empfinden müssen, als daß ihre Landsleute mit den Feinden die Waffen gegen ihr eigenes Vaterland ergriffen haben. In diesem delikaten Fall hat mancher rechtschaffene Mann unter den Emigrirten sich durch Leidenschaft zu Schritten verleiten lassen, die er nothwendig jezt bereuen muß.

Diejenigen Handlungen, die an Heroismus gränzen, sind auch bei einer nähern Beleuchtung meistentheils so beschaffen, daß sie ihre Urheber, statt sie über andere Menschen zu erheben, unter die gewöhnlichen Menschen herabwürdigen, die in der strengen und stillen Beobachtung ihrer Pflichten ihr Glük und ihre Ehre suchen.

Das System der Franzosen ist in so fern für jeden unbefangenen Menschen eine angenehme Erscheinung gewesen, als es auf Wiederherstellung der natürlichen Rechte und einer bessern Gleichheit abzielte, deren Erhaltung schon seit Jahrhunderten den Despoten Frankreichs zu wenig am Herzen lag. Ludwig den Sechzehnten nehme ich billig davon aus; es fehlte ihm zwar an Glük und an Regierungstalenten, aber nicht an Wohlwollen.

In Frankreich war die Revolution physisch nothwendig, so wie es physisch nothwendig ist, daß sich der Wurm krümmt, der getreten wird; aber sie war es doch auch nur für Frankreich, und es wäre um so thörichter, eine ähnliche Staatsumstürzung auch andern Ländern zu wünschen, oder sie daselbst zu beschleunigen zu suchen, da die Erfahrung zu gleicher Zeit lehrt, wie traurig der Zustand eines Reichs ist, das durch eine Revolution zerrüttet wird.

Vielmehr ist es die Pflicht eines jeden rechtschaffenen Mannes, den Unterthan zur An-

"hänglichkeit an seine Regierung und an seinen Regenten zu ermuntern, ihn von dem ubique naufragium, das heißt, daß jede Staatsverfassung nothwendig ihre eigenen Vortheile und Mängel haben müsse, zu belehren, ihm zu zeigen, daß man in jeder Staatsgesellschaft auf einen Theil seiner natürlichen Rechte Verzicht thun müsse, um desto ruhiger im Genusse der übrigen bleiben zu können, daß man in Republiken oft mehrere natürliche Rechte aufopfern müsse, als in Monarchien, und daß endlich die allgemeine Freiheit und Gleichheit durch nichts mehr erhalten wird, als wenn jeder das thut, was er soll."

Frei seyn willst du, mein Sohn? ich lobe deinen Willen.

Thu, was du kannst, getreu
Des Staats Gesetze zu erfüllen;
Sieh, denn so bist du frei.
　Willst aber du nach deinen Grillen
Frei seyn, mein Sohn, so geh in eine Wüstenei. *)

*) S. Zeitgedichte vor und nach dem Tode des heiligen Ludwig XVI. Hamb. bei Herold 1793. 96 S. 8.

Natürlich müssen aber die Regierungen auch genau thun was sie sollen, und die Unterthanen als ein sehr respektables Corps betrachten, und nicht vergessen, daß sie Diener des Staats sind, aber nicht Herren. Sapienti sat! und nun ist es Zeit wieder zu den Gefangenen nach Königstein zurükzukehren.

In den ersten vier Wochen wurden sie weder examinirt, noch aus dem Gefängnisse gelassen, um frische Luft zu schöpfen. Das war wirklich hart und unpolitisch. Der Gefangene, der noch kein Demokrat war, mußte es durch eine solche Behandlung werden. Wie sehr wünschte ich damals meinem Vaterlande eine Habeas corpus Akte! und wahrhaftig! wenn nicht die dringendsten Umstände vorhanden waren, die mir aber niemals bekannt geworden sind, so weiß ich nicht, wie man ein solches Verfahren verantworten will. Der Staat darf, ohne die äusserste Noth, keinen seiner Bürger, auch nur eine Viertelstunde, und nicht einen Augenblik länger, als es durchaus nothwendig ist, seiner Freiheit berauben. Nun denke man sich den Fall, der wirklich da war, daß unter den vielen Gefangenen, deren Zahl bald bis auf Hundert stieg, sich auch nur einige ganz Unschuldige befanden, die nun, viele Wochen und länger, ohne verhört zu werden, in dem schmälichsten Gefängniß ausharren mußten? Wie mag eine Regierung, die sonst so vortrefliche Männer an ihrer Spitze hat, dazu kommen, so wenig Achtung und so große Gleichgültigkeit gegen das Wohl einzelner Personen, wie ganzer Familien zu beweisen?

Unter andern lernte ich einen Doktor der Arzneikunst auf Königstein kennen, der zu Mainz studiert, und in Prof. Wedekinds Hause logirt hatte. Er kam im April zu Frankfurt an, um seine Reise weiter nach Göttingen fortzusetzen. Da er aber mit Wedekinds Frau fuhr, die ebenfalls mit ihren zwei kleinen Kindern zu ihren Verwandten ins Hannöverische reisen wollte, so wurde er als verdächtig

angehalten und ausgefragt. Ungeachtet nun
seine Antworten keinen Verdacht übrig lassen
konnten, und er sich vollkommen legitimirt
hatte, so wurde er doch nach Königstein gebracht und vier Monate daselbst in Verhaft
behalten.

Nun weiß ich es aber von verschiedenen
höchst glaubwürdigen Personen, und konnte
es auch aus verschiedenen andern Umständen
schließen, daß dieser Mann, auf eine beinahe
unverzeihliche Art, nicht den mindesten Antheil
an dem, was während seines Aufenthaltes in
Mainz daselbst vorgieng, mußte genommen
haben. Ja er fand sogar nicht einmal so viel
Interesse an den französisch-mainzischen Begebenheiten, um nur einem einzigen Klub bei-
zuwohnen, der doch wie eine Farce oder Posse,
von jedem, der sich zu der Zeit daselbst aufhielt, pour la rareté du fait wenigstens einmal hätte besucht werden sollen. Er mochte
sogar nicht einmal Zeitungen lesen, und

dennoch wurde er wie ein überwiesener und ausgemachter Jacobiner behandelt.

Unter den Gefangenen auf Königstein befanden sich auch Personen des andern Geschlechts. Nachdem sie etliche Wochen, ohne verhört zu werden, in einem noch so ziemlich leidlichen Gefängniß gesessen hatten, wurde ihnen endlich gesagt, daß sie, als Geißeln für die von ihren Verwandten nach Bedfort geschikten Mainzischen Geißeln, hier bleiben müßten. Ich begreife schlechterdings noch jezt nicht, wie es möglich war, sie aus diesem Gesichtspunkt betrachten zu können. Die Teutschen setzen widerrechtlicher Weise teutsche Frauen, die man weder einer Theilnahme an den französischen Angelegenheiten überwiesen, noch einmal beschuldigt hatte, als Geißeln auf die Festung, um mainzische Bürger, welche die Franzosen nach Frankreich als Geißeln geschikt hatten, gegen sie (gegen teutsche Frauen!) auszuwechseln! Ich bitte jeden, diese Periode noch einmal zu lesen, und überzeugt zu seyn, daß sie mit der historischen Wahrheit aufs strengste übereinkommt.

Nachdem sie vier Monate für nichts und wider nichts gesessen hatten, wurden sie endlich wieder in Freiheit gesetzt. Für eine von diesen Frauen verwendete sich deren Bruder bei dem König von Preußen, und erhielt aus dem Hauptquartier Marienborn im Jul. 1792 folgendes Schreiben.

Wohlgelahrter, besonders Lieber!

„Es ist ganz und gar nicht mein Wille, daß
„schuldlose Personen das verdiente Schiksal
„der Verbrecher theilen sollen, die sich die
„Gefangenschaft auf dem Königstein zugezo-
„gen haben. Da ich nun Eurer Versicherung,
„daß Eure daselbst befindliche Schwester, die
„Witwe N** nichts verschuldet habe, allen
„Glauben beilege: so habe ich dem Major von

„Lucadou befohlen, dieselbe nebst ihrem Kinde
„auf freien Fuß zu stellen. Ich mache Euch
„solches auf Euer Schreiben vom 1sten dieses
„in Antwort bekannt, und bin

Euer gnädiger

Friedrich Wilhelm.

Mainzischer Seits wurde zwar dagegen protestirt, aber des menschenfreundlichsten Königs Wille geschah doch.

Es waren aber der unschuldig Leidenden noch mehrere, die blos durch das Zusammentreffen verschiedener Umstände, in die sie nothwendig gerathen mußten, da ihr Land von den Franzosen besetzt ward, für verdächtig gehalten, oder durch boshafte Menschen fälschlich als Jacobiner denuncirt, und sodann aufgegriffen und nach Königstein gebracht wurden. Höchst traurig war es, wenn zuweilen die Weiber mit ihren Kindern ihre gefangenen Männer besuchten, wenn sich dem Vater beim Willkomm und Abschiede die Thränen in die

Augen bedäugten, und die kleinen Kinder bei ihrem Vater bleiben wollten, oder ihn baten, daß er mit ihnen gehen möchte. Der Verdienst hörte auf, das Gewerb gerieth ins Stoken; der Mann auf der Festung und das Weib mit ihren Kindern zu Haus führten, doppelte Haushaltung; was sie sich erspart hatten, gieng drauf. Sorgen, Kummer und Verzweiflung waren oft nur allzudeutlich auf den Gesichtern dieser Menschen ausgedrükt. Der Mismuth stieg um so höher, da sie nicht verhört wurden, oder keinen Bescheid auf ihr Verhör erhielten, und also auch nicht absehen konnten, wenn sich ihr elender Zustand endigen würde. Ihre Gemüthsverfassung äusserte sich übrigens auf ganz verschiedene Art. Einige lagen Stunden lang auf den Knien und beteten, andere dampften mit grimmiger Geberde, den Kopf auf die Hand gestemmt, ihr Pfeifgen Tabak; einige warfen sich der Länge nach aufs Stroh und stöhnten, andere giengen mit verschlossener Miene und mit stummen

Schmerz den Saal auf und ab; einige saßen in einer Ekke in dumpfes Hinbrüten versunken, andere brüllten mit erzwungener Fröhlichkeit ça ira oder den Marseiller Marsch,*) und wieder andere schwuren, daß sie nach ihrer Entlassung gewiß keinen Augenblik länger, als durchaus nöthig wäre, auf teutschem Boden bleiben wollten, weil sie sogar von ihren eigenen Landesherren verlassen würden, deren Schuz sie angefleht hätten. Sie sprachen dieses aber nur im Übermaße des Schmerzes; denn wie ich höre, haben sich von allen den Gefangenen, die man für eingefleischte Republikaner hielt, nach ihrer Loslassung kaum drei oder vier entschlossen zu den Neufranken überzugehen. Beweis genug, daß allen übrigen ihr teutsches Vaterland lieber ist, als Frankreich.

*) Der Verfasser und Kompositeur dieses Marsches, der sich in politischer und musikalischer Rüksicht auszeichnet, soll ein Ingenieur-Offizier, Namens Delille, in Straßburg gewesen seyn.

Abends trat gewöhnlich einer von den Gefangenen auf und hielt eine geistliche Rede oder eine Predigt. Oft waren diese Reden wirklich voll bon sens, Geist und Salbung. Einst mußte ich lächeln, als ich einen solchen Redner in dem beweglichsten Affekt sagen hörte: „Herr sey uns gnädig und barmherzig, und „straf uns nicht in deinem Zorn! besänftige „die teutschen Fürsten, daß sie nicht fürder „mit dem Racheschwerd auf uns, ihre unschuldigen Unterthanen losstürmen, und vergieb ihnen, denn sie wissen nicht, was sie „thun!"

Nach Verlauf einiger Monate wurden verschiedene Landleute losgelassen, nachdem sie vorher ihre Rechnung für Kost, Aufwartung und Lagerstroh bezahlt hatten, die sich doch immer auf einige Dukaten belief. Wer nicht zahlen konnte, mußte noch so lange sitzen. Ich hatte das Vergnügen von den mir anvertrauten drei Karolinen einen Bauer, der, weil er kein Geld hatte, noch länger würde haben sitzen müssen, loszumachen.

Ein französischer Feldjäger fand ein Mittel sich selbst zu befreien. Es waren eben sechzehn Mann von dem Unteroffizier aus dem Gefängniß geführt und in Freiheit gesezt worden. Eine kleine Weile darauf pocht dieser Feldjäger an der Thür und verlangt von der Wache, daß sie dieselbe öffnen solle. Es geschieht. Er fragt die Wache: ob der Unteroffizier mit den Freigelassenen schon weit weg wäre? und erhält zur Antwort: ja! nun, sagt er, so muß ich laufen, um sie noch einzuholen. Fort war er! Als man dieß dem Wachtmeister-Lieutenant meldete, rief er mit bebenden Lippen aus: Nun kriegen wir alle die Kränk! (Krankheit) wenn das der Feldzeugmeister Gymnich erfährt! und zitterte bei diesen Worten an Arm und Bein.

Ein anderer stekte sich in einen Sak, und wollte so unvermerkt sich davon schleichen.

Diese feine List gelang ihm aber sehr schlecht. Er bekam Prügel im Sak.

9.

Besuche auf der Festung.

Fast jede Woche meldeten sich mehrere Personen bei dem Kommandanten um die Erlaubniß auf die Festung zu gehen. Sehr viele unter ihnen waren Leute, die noch keine Jacobiner gesehen hatten, und weil nun einmal die Sage gieng, daß die meisten unter den Gefangenen zu dieser politischen Sekte gehörten, und man dergleichen Leute doch nicht alle Tage sieht: so war es natürlich, daß sich mancher Hausvater einen Thaler kosten ließ, um sich und seinen Kindern dieses unschuldige Vergnügen zu verschaffen. Da wurde dann begafft, ins Ohr gelispelt, der Mund verzogen, zuweilen auch naseweise Fragen gethan, und am Ende ohne Adieu zu sagen wieder weggegangen.

Ich erinnere mich hier an eine sehr zwek-
mäßige Abfertigung, die einer von den Gefangenen einem vornehmen Mann gab, der ebenfalls aus kalter Neugierde auf die Festung gekommen war, und ihm mit vorwitzigen Fragen
beschwerlich fiel. „Verzeihen Sie es einem
„Manne in meiner Lage, antwortete ihm der
„Gefangene gleich auf die erste Frage, wenn
„ich Ihnen gestehe, daß ich es vielleicht zu
„einer jeden andern Zeit für ein Glük gehal-
„ten haben würde, ihre Bekanntschaft zu
„machen, daß ich aber nicht glaube, daß die-
„ser traurige Aufenthalt der Ort dazu ist.
„Ich bitte Sie also um die Schonung, die
„ich zu verdienen glaube," und bei diesen
Worten entfernte er sich nach einer leichten
Verbeugung.

Einst kam ein Bauer auf die Festung und
wollte den Professor Blau sprechen. Nach
vieler Mühe gelang es ihm, zu ihm gelassen
zu werden. Der gute Landmann kniete vor
der Gefängnißthür nieder, und sagte zu ihm

durch die Klappe, wodurch den Gefangenen das Essen gereicht zu werden pflegte, mit Thränen in den Augen: „ich bin der Vater des „jungen Menschen, den Sie von der Schanz„arbeit unter dem Kanonenfeuer, zu welcher „mein Junge schon verdammt war, befreiten. „Nehmen Sie doch das bischen geräuchert „Fleisch und Geld zur Erkenntlichkeit von uns „an." Blau nahm nichts; aber der Bauer hatte ihm mehr gegeben als Geld, einen heitern Tag.

Ein anderes Mal erschien der zur Ruhe gesezte General G** auf der Festung, und er verließ diesen Ort mit den Worten: „Hän„gen sollte man sie alle die Sch ! !!

Überhaupt scheint es mir einen Mangel an guter Erziehung zu verrathen, wenn Leute sich zu Unglüklichen hinzudrängen, ohne weder das Vermögen noch den Willen zu besitzen, sie entweder zu bessern oder zu trösten, oder überhaupt etwas zur Erleichterung ihres Schiksals beizutragen. Es ist so schön, der Trost der Unglücklichen zu seyn

— — — und dazu braucht man eben
Kein Geld, nur Willen und Verstand
Mein Sohn, auch eine leere Hand
Kann, rief Abdallah, vieles geben.
Pfeffel.

aber nicht jeder besitzt den Schlüssel zu diesem Geheimniß, sondern nur der, welcher schon den Meistergrad im Orden der Menschheit erhalten hat; Achtung gegen sich selbst sollte jeden abhalten seinen Bruder zu beschimpfen; sich aber gar an wehrlosen Unglücklichen reiben, ist das Zeichen eines äusserst unedeln niedrigen Charakters.

Auch der Verbrecher bleibt Mensch; denn wenn er nicht als Mensch betrachtet würde, so könnte er gar nicht gestraft werden. Der im Gesetze angeordneten Strafe muß er sich unterwerfen, das leidet keinen Zweifel; und auch Lebensstrafen können nicht für Eingriffe in die Rechte der Menschheit angesehen werben, weil der Zwek der Staatsgesellschaft Ruhe und Sicherheit ist, und diese, wie die Erfahrung lehrt, ohne Lebensstrafen öfter in Gefahr gerathen, als wenn die Lebensstrafen beibehalten werden. Ist nun der Zwek erlaubt: so müssen die Mittel auch erlaubt seyn. Aber wenn jenseits des Gesetzes dem Verbrecher noch Kränkungen zugefügt werden, so ist er als Mensch beleidigt, und der Staat sollte ihn so gut, wie den ehrlichsten Mann, dagegen schützen. Denn will man den Verbrecher blos deswegen als Menschen betrachten, um das peinliche Gesez auf ihn anwenden zu können; und dann einen Augenblik wieder vergessen, daß er es ist, um ihn ungestraft kränken lassen zu dürfen? So handelt der Weise nicht, der stets darin sein größtes Vergnügen findet, die Pflichten des Menschen zu erfüllen, und die Pflichten des Bürgers nicht zu verabsäumen.

10.

Omitte mirari beatae
Fumum et opes strepitumque Romae.
Hor. Lib. 3. od. 29.

Das heißt: Verlassen Sie noch einen Augenblick das Geräusch der großen Welt, und verweilen mit mir im Städtchen Königstein.

Meine Leser wissen schon, welches harte Schicksal dieses Städtchen vor einigen Jahren betroffen hat, und daß vier Fünftel der Häuser bei der Belagerung der Festung in Schutt und Asche verwandelt worden sind. Was mich betrift, so möchte ich mich eben so wenig am Fuße eines festen Bergschlosses, als am Fuße des Vesuvs anbauen. Ehemals waren die Burgen freilich der Grund der Entstehung so mancher Stadt; aber seitdem der Landfriede und die Aufhebung des Faustrechts den unaufhörlichen Räubereien und Fehden ein Ende gemacht und die öffentliche Sicherheit begründet haben, so sind nunmehr die Burgen den Städten nicht nur so ziemlich unnütz, sondern sogar schädlich geworden; und man hat daher in den meisten Städten in neuern Zeiten die Festungswerke geschleift, hinter denen man sich ehedem sicher dünkte. Man hat sogar die ehrwürdigsten Denkmäler des Alterthums, die Schlösser und Stammhäuser Zähringen, Hohenstaufen, Hohenzollern, Habsburg und mehrere eingehen lassen, eben weil man nicht mehr einsah, was man noch für einen Vortheil von ihnen ziehen könnte. Und die Festung Königstein ist zum Ruin des dabei liegenden Städtchens Königstein stehen geblieben. Ohne sie würden die Franzosen nicht so lange die Passage nach Coblenz haben sperren können; ohne sie würden alle die Häuser noch stehen, die durch die Belagerung der Festung zu Grunde geschossen worden sind; ohne sie würde so manche Familie noch wohlhabend seyn, die jezt in Armuth schmachtet.

Wäre ich Eigenthümer dieser Festung, so würde ich noch heute Befehl geben, sie zu demoliren, und die Steine davon meinen unglücklichen Königsteiner Unterthanen zur Wiederaufbauung ihrer verschütteten Häuser schenken.

Die Königsteiner scheinen im Ganzen ein guter Schlag Leute zu seyn. Als ich mich in der Gegend befand, standen sie in dem Ruf Anhänger der Franzosen zu seyn. Ich weiß nicht, warum sie ihnen hätten feind seyn sollen? Die Neufranken betrugen sich gegen sie nicht als Feinde, sie brachten unter ihnen mehr Geld in Umlauf, blieben keinem etwas schuldig, und bewiesen sich, so viel ich hörte, gegen jedermann artig. Deßwegen kann man ja doch wohl niemand feind seyn? und übrigens fühlten die Königsteiner sich noch teutsch genug, um sich beleidigt zu finden, wenn die Soldaten aus der Garnison sie Jacobiner schalten. Es kam darüber zwischen beiden öfters zu blutigen Auftritten.

Die französischen Emigranten, die durch
das Örtchen kamen, wurden sehr ungern auf
genommen. „Nichts Franzos!" war sehr oft
die Antwort, die man ihnen auf ihre Frage
nach einem Logis ertheilte. Im Sommer
1793 passirten deren fast täglich hier durch.
Mancher Duc, Comte und Marquis gieng da
mit einem rothen Band im Knopfloch, oder
mit einem Orden auf der Brust und einem
Felleisen auf dem Rükken zu Fuß. Auch unter
ihnen fanden sich vortrefliche Personen, die
ein besseres Schiksal zu verdienen schienen. Und
überhaupt sollte das Unglük dem Menschen in
jeder Gestalt ehrwürdig seyn.

Übrigens geht es in Königstein, wie in
allen kleinen Städten, man lebt da bei wei
tem nicht so ungestört wie in großen Städten,
wo sich so zu sagen keiner um den andern be
kümmert, und wo jeder sich die Gesellschaft
wählen kann, die ihm gefällt. Hingegen an
kleinen Orten kennt jeder den andern auf

Haar, jeder weiß dem andern die Nativität zu stellen. Die Masse der in Umlauf befindlichen Ideen ist gering, ihr Gehalt unbedeutend, die Sentiments gemein, die Lebensart (savoir vivre) schlecht. Jeder lebt daher für sich auf Kosten seines Egoismus, der immer stärker wird, je mehr man ihn in Kosten sezt; jeder glaubt eine Stufe höher zu stehen, wenn er den andern um eine Stufe herabgesezt hat, und keiner wünscht sich in die Gesellschaft des andern, weil er voraussieht, daß elende Sticheleien das gesellschaftliche Vergnügen doch nur am Ende verderben würden. Auf diese Art verlieren die Kleinstädter den schönsten Genuß, durch den sich vernünftige Menschen das kurze Leben angenehm machen können, ich meine den Genuß, der durch die Austauschung der gegenseitigen besseren Gedanken und Empfindungen, und durch Nachsicht gegen fremde Fehler aus dem geselligen Leben zu entspringen pflegt.

Eigentlich müßte sich in kleinen Städten beinahe ein patriarchalisches Leben führen lassen, wenn nur die Honorazioren, Bürgermeistere und Rath, immer genug Geistesbildung und guten Willen besäßen, um ihre Mitbrüder sanft zurecht zu weisen, und sie auf das Glük, das sie genießen könnten, aufmerksam zu machen.

Aber daran ist gar nicht zu denken, weil gewöhnlich jeder zu viel mit seiner eigenen Wirthschaft und mit der Erfüllung seiner vollkommenen Pflichten zu thun hat, um noch Zeit übrig zu behalten, dergleichen sogenannte unvollkommene Verbindlichkeiten zu beobachten. Der Schriftsteller, der blos gerechten Tadel vermieden hat, ist deswegen noch keines sonderlichen Lobes werth. Allein mehr verlangt man von dem Bürger nicht. Und dann ist die sokratische Humanität, die ich den Honorazioren wünsche, eine Tugend, die schwer erworben und schlecht bezahlt wird.

Eigentlicher Charakter herrscht unter den Königsteinern gar nicht, und wer wird diesen hier auch erwarten, sie sind ein Mischmasch von Menschen, davon der eine so, der andere anders denkt.

II.

Fromme Thorheiten.

Die Religion, welcher die Einwohner Königsteins zugethan sind, ist die christkatholische und vorgeblich allein selig machende. Im Sommer ist diese Religion für den gemeinen Mann besonders unterhaltend. In einer Zeit von zwei Monaten sah ich wohl ein halbes Dutzend Wallfahrten. Sie werden bekanntlich in Form einer Prozession vorgenommen, die aus einer Anzahl rüstiger Mädchen, junger Bursche und alter Mütterchen besteht, die insgesammt, vielleicht wegen einer Pest, die vor zweihundert Jahren einmal gewüthet hat, jezt spazieren gehen. In der Ferne kündigen sie sich wie eine Heerde blökender Schafe an, und selbst, als sich schon meine Augen vom Gegentheil überzeugt hatten, kostete es meinen Ohren noch Mühe, zu eben dieser Überzeugung zu gelangen. Der Verstand findet vollends gar nichts, wobei er sich beruhigen könnte. Einst hörte ich ein altes Weib bei einer solchen Prozession keinen andern Laut von sich geben, als: Bet' v'runs! (Bete für uns! oder Bitte für uns! es kann wohl das eine so gut heißen wie das andere?) welches sie sehr oft hintereinander wiederholte, und zwar so, daß das Intervall des Schlußtons immer eine kleine Terze ausmachte, oder um mich deutlicher zu erklären, sie fiel von der Oktave des Grundtons mit ihrer Stimme jedesmal herunter in die Sexte. Das machte einen sehr tragikomischen Effekt!

Um Mittag wird mit dem Schlag zwölf Uhr gebetet; und wer dieß nicht beobachtet, wird sehr scheel angesehen. Neben mir logirte eine alte 70jährige Frau, deren Haus abgebrannt war, und der ich auch zuweilen kleine Geschenke gemacht hatte. Ich konnte hoffen, ihr bereits dadurch keine sehr schlimme Idee von meinem Christenthum beigebracht zu haben, allein, als ich einst um Mittagszeit musizirte, fieng sie an mißtrauisch gegen mich zu werden, und mich gegen andere, als einen Menschen zu verleumden, der keine Ehrfurcht für Religion hegte. So lächerlich und unbedeutend dieses an sich ist, so zeigt es doch, daß Irrthümer des Verstandes immer einen nachtheiligen Einfluß aufs Herz äussern, und daß dieses vorzüglich von den Irrthümern in Hinsicht der Religion gilt.

Bei dem abgebrannten Kapuzinerkloster ist ein hölzernes Kreuz stehen geblieben. Dies halten die meisten von den Einwohnern für ein Wunder. So sind in der katholischen Christenheit Wunder noch immer das Narrenseil, an dem die Geistlichkeit das Volk führt.

Wer des Sonntags keine Predigt hört, muß doch einer Messe beiwohnen, und da man bei der leztern kürzer wegkommt als bei der erstern, so wird sie auch häufiger besucht. Ich habe etlichemal einer beigewohnt, aber nicht das geringste davon verstanden. Wenn bei einem solchen Gottesdienst der Unterthan ein moralisch guter Mensch wird, so ist es ein halbes Wunder. Man hat sich lang und viel über die Frage gezankt, ob sich die Menschen beim Nachdenken besser befinden würden, als beim blinden Glauben. Ich begreife nicht, wie vernünftige und denkende Menschen die Sache nur im mindesten zweifelhaft finden können? Wer diese Frage im Ernste aufwirft, muß selbst nie das Vergnügen gespürt haben, das die Seele beim Nachdenken zu empfinden pflegt.

Woher kommt es wohl, wurde Aristoteles einst gefragt, daß schöne Weiber so sehr gefallen? Dieß ist die Frage eines Blinden! antwortete der Philosoph. Und dann, soll denn die Bestimmung des Menschen auf die Entscheidung jener Frage gar keinen Einfluß haben? Wird es uns nicht noch in jenem Leben zu Gute kommen, wenn unser Geist in diesem höhere Ausbildung bekommen hat? Das Blut Jesu Christi mag uns wohl rein waschen von allen Sünden, aber es wird uns die Tugenden nicht geben, die wir uns zu erwerben versäumt haben.

Als es lange in Königstein nicht geregnet hatte, beschloß man deswegen eine Deputation an den lieben Gott zu schikken. Es versammelten sich also einige Tage hintereinander ein Trupp junger Bursche und Mädchen auf der Straße, beteten jedesmal sieben Ave Maria, sangen Lieder und was des geistlichen Unfugs mehr ist. Siehe da! nach einigen Tagen regnete es wirklich ein bisgen; und nun mußte das die Wirkung ihres Gebets seyn.

Wie kann neben einem solchen Bettelstolz noch eine erhabene Idee von dem höchsten Wesen Wurzel fassen? Es ist zum Erbarmen, wenn man bedenkt, daß sogar der Seelenhirt sie in diesem Glauben auch schon dadurch bestärkt, daß er sie keines beßern belehrt. So lange solche Thorheiten noch gleichsam unter der Sanktion des Staats stehen, läßt sich von der Aufklärung, wie man will, weder viel hoffen noch fürchten.

Unterdessen ist nichts der Würde des Menschen nachtheiliger als die Gewohnheit, sich bei Vorstellungen zu beruhigen, deren Zuverlässigkeit man nicht einsieht. Die unausbleibliche Folge davon ist Mangel an Gefühl für Weisheit und Tugend; und je größer die Gefangenschaft ist, in der man den Verstand der Unterthanen zu halten sucht, desto flächere Köpfe werden sich nach und nach im Staate einfinden. Noch schlimmere Folgen hat es, wenn man die Menschen zum Glauben zu zwingen sucht; denn dadurch zwingt man sie bloß Rebellen oder Heuchler zu werden, und verdirbt so nach und nach den Charakter der ganzen Nation.

12.

Hinblik auf die Belagerung von Mainz von einem Berge.

Die Belagerung von Mainz war ein Schauspiel, das aus allen Gegenden Teutschlands Fremde nach Frankfurt zog, die von da aus ins Lager reisten, nachdem sie sich vorher von dem kommandirenden Oberst in Hochheim einen Paß ausgewirkt hatten.

Oft war deßwegen an schönen Tagen keine Kutsche mehr in Frankfurt zu bekommen, oder doch nur gegen zwei bis drei Carolin. Mit den Menschen strömten auch alle Arten von Lebensmitteln dahin, so daß diese im Lager wohlfeiler waren, als in der Stadt selbst.

Viele kamen auch in die Gegend von Königstein auf den Altkönig, einen Berg, auf dem ehemals, wie die Ruinen zeigen, eben=

falls ein Bergschloß gestanden hat *), und von dem man das ganze bissitige Lager, die Stadt Mainz, die Rheinbrücke, Cassel und die beiden Flüsse den Main und den Rhein, da wo sich ersterer in den leztern ergießt, übersehen konnte.

Wenn die Sonne gerade hell schien, konnte man die Häuser in Mainz und die rothe Farbe des Schlosses sehr deutlich erkennen. Die Stadt selbst hat ein sehr ehrwürdiges Ansehen, und man konnte nicht anders als sie mit dem größten Interesse betrachten; die beiden Flüsse glichen Silberströmen; die ganze Gegend ringsumher bildet eine schöne flurenreiche Ebene, die mit Dörfern und Städten besäet ist.

*) Die Ruinen auf dem Gipfel dieses Berges sind wahrscheinlich die Ueberbleibsel eines Drusischen Kastells. Der Altkönig gehört noch, so wie der zwei Stunden davon gelegene Feldberg, auf dem man vermöge eines Perspektives bei heiterem Wetter auf zwanzig Meilen in die Runde sehen kann, zu der Gebirgskette des Taunus.

Ausserdem sieht man noch Höchst, Frankfurt, Darmstadt, Homburg, Ober-Ursel, Kronenburg, Hochheim, Kostheim und Weissenau. Beide leztere Orte rauchten noch in ihrem Schutte, als ich diesen Berg besuchte. Die Witterung war während der ganzen Belagerung vortreflich, die Luft heiter, und das Ganze in das angenehmste Licht und in den sanftesten Schatten gesezt, so daß ich oft nicht begreifen konnte, wie es möglich wäre, daß Menschen sich mit Wuth zu einer Zeit und in einer Gegend morden könnten, wo die ganze Natur jedes Herz zum Frieden zu stimmen schien.

Jeder, der diesen Berg bestieg, in der Absicht, die Belagerung und das Feuer der Kanonen zu sehen, und ihren Knall zu hören*), mußte, wenn er auch ganz Neugierde gewesen wäre, sobald er die gehörige Höhe erstiegen hatte, vergessen, warum er eigentlich hieher

---

*) Die Zwischenzeit vom Bliz bis zum Schall des abgebrannten Geschüzes betrug gewöhnlich eine volle Minute.

gekommen war, und sich den angenehmeren Gefühlen und der Begeisterung überlassen, in die ihn die schöne Natur unwiderstehlich versezte.

Selbst der Berg ist nichts weniger als öde; er ist dicht mit Bäumen und Gesträuch besezt; bis hinauf geht man durch lauter belaubte labyrinthische Gänge, die die Mühe des Ersteigens außerordentlich erleichtern, und immer lüsterner machen, weiter vorzudringen; die aromatischen Düfte geben Labung, und die Abwechselung der Gegenstände belustigt das Auge und belebt die Einbildungskraft. Ich durchwanderte diesen Berg verschiedene Male; aber der Wunsch, die Belagerung zu sehen, hatte einen sehr geringen, oder vielmehr gar keinen Antheil an diesen Wanderungen. Doch auch diese verdiente gesehen zu werden, wenn man gerade in der Nähe war. Indessen fand ich Menschen, welche keine Lust dazu zeigten, theils weil ihre Nerven einen solchen Eindruk nicht würden haben ertragen können, theils weil sie zu viel Phlegma besaßen, um sich zu dieser vortreflichen Bewegung, die man durch das Bergsteigen erhält, entschließen zu können.

Zuweilen wurde anhaltend und fürchterlich Tag und Nacht fortkanonirt; so, daß die Leute in Königstein und Kronenburg bang aus den Häusern auf die Straße liefen, ohne den eigentlichen Grund ihrer Bangigkeit genau angeben zu können. Jeder sah den andern verwirrt und traurig an, vermuthlich weil er ahndete, daß dieser Augenblik Hunderten das Leben kosten könnte, und daß folglich in eben diesem Augenblik der Tod Hunderten einen Mann, einen Bruder, einen Sohn oder Freund wegraffen, und ihnen dadurch den Rest des kurzen Lebens verbittern könnte.

Einst war die Luft in der Gegend von Mainz ganz feurig; dieß rührte theils von einem ausgekommenen Brand in der belagerten Stadt her, in welchen von den Belagerern fortwährend noch feurige Kugeln geworfen wurden; theils von dem Feuer der Kanonen, deren Blitz bei Nacht eben die Wirkung hervorbrachte, als wenn es am Himmel an zwanzig verschiedenen Orten zugleich wetterleuchtete. Wenn gerade ein Ausfall geschah, konnte man sogar den Blitz der kleinen Gewehre sehen, und ihren Knall hören. Einmal, wie ich mich erinnere, dauerte ein solches Bataillons Feuer über eine Stunde ununterbrochen fort. Oft traf sichs, daß rings um die Stadt mehrere Kanonen zugleich losgezündet wurden. Dies gab für das Auge, wenn man sonst nichts dabei dachte, ein Feuerwerk in sehr großem Geschmak; zumal, wenn dann noch die Feuersbrunst mitten in der Stadt, und die feurigen Kugeln und Bomben, die von außen hineingeschossen wurden, hinzukamen.

13.

Die Blessirten in Höchst.

Das preußische Lazareth war theils in Frankfurt, theils in Höchst. Im Junius und Julius waren an dem leztern Orte über 1400 Blessirte, die sich hier gewiß besser als irgend wo anders befanden. Sie hatten alle mögliche Bequemlichkeiten sowohl in Ansehung ihrer Wohnung, als auch in Ansehung der ländlichen Gegend und der gesunden Luft, die man hier einathmet. Außer andern Gebäuden in der Stadt war den braven Preußen auch das ganze Bolongarische Palais eingeräumt.

Die Blessirten wurden jedesmal zu Wasser in ganzen Schiffsladungen auf dem Main nach Höchst gebracht, und es machte einen sehr tiefen Eindruk auf mich, als ich einst einen ganzen Transport von ihnen ans Land bringen sah.

Erst wurden sie auf Tragbaaren herausgebracht und nach der Reihe auf die Erde hingelegt; dann trug man einen nach dem andern in das für ihn bestimmte Lazareth. Der hatte ein zerschmettertes Bein; der einen Hieb über den Kopf, diesem steckte eine Kugel im Leibe, jenem war der Arm in Splittern geschossen, der eine ächzte, der andere seufzte, ein dritter weinte; auf allen Gesichtern aber war das Gefühl der körperlichen Schmerzen und der Traurigkeit tief eingegraben. Diejenigen, die schon wieder halb hergestellt waren, sahen dieses und blieben ungerührt. Vielmehr erzählten sie sich Beispiele, daß sie wohl andere gesehen hätten, die weit gefährlicher verwundet worden wären.

So stumpft die Gewohnheit jedes Gefühl ab, und selbst die Guillotine *) war, wie

*) Der Erfinder der Guillotine war Earl von Stairs in Schottland, welcher auch der erste war, der damit hingerichtet wurde. Sie ist noch im Parlamentshause in Edimburg neben

man weiß, für die wenigsten noch ein Gegenstand des Schreckens, die in den letzten Zeiten auf ihr den Kopf zu verlieren verurtheilt wurden.

Das schöne massive Schloß in Höchst, das schon 1404 zu bauen angefangen wurde, hat ein trauriges Schiksal gehabt. Es wurde 1635 im dreisigjährigen Krieg von den Schweden gesprengt; so daß nur die Fassade gegen den Main und zween hohe Thürme davon stehen geblieben sind. Die Steine des einen Thurms und das übriggebliebene Gemäuer des alten Schlosses schenkte darauf der Kurfürst Emerich Joseph dem Tabaksfabrikanten Bolongaro zur Erbauung seines Palastes in der neuangelegten Emerichsstadt vor Höchst. Dieser Palast präsentirt sich sehr schön, un-

der Kanzel des berühmten Revolutionspredigers Knox zu sehen, und unter dem Namen Jungfer-Art bekannt. Noch älter ist ihr Ursprung angegeben im Mode-Journal, Monat April und Juni 1794, wo sie Diele genennt wird.

geachtet die Fenster und der Eingang der Größe des Gebäudes nicht sehr angemessen zu seyn scheinen.

Dieser Bolongaro hat sein großes Vermögen blos durch die Sorte Tabak erworben, der von ihm den Namen führt. Man darf sich aber nicht sehr darüber wundern, denn Kenner versichern von diesem Tabak, daß er die besondere Eigenschaft habe, durch ein Glas Rheinwein angenehmer für die Nase zu werden, so wie auch umgekehrt, für den Gaumen den Geschmak des Rheinweins zu erhöhen.

Höchst ist in der Geschichte auch durch eine Schlacht merkwürdig, die der Herzog Christian von Braunschweig hier gegen den Eisenfresser Tilly 1622 verloren hat.

14.

Kurze Geschichte der Einnahme und Wiedereroberung der Stadt und Festung Mainz. In den Jahren 1792 und 1793.

— — — — — — eripe turpi
Colla iugo! liber, liber sum, dic age? non
quis.
Hor. Lib. II. Serm. 7. *)

Die Erscheinung französischer Armeen auf teutschem Grund und Boden, und besonders der neunmonatliche Aufenthalt der Neufranken in Mainz, ist eine viel zu merkwürdige Begebenheit in der Geschichte Teutschlands, als daß es meinen teutschen Lesern unangenehm seyn könnte, hier eine kurze und zweckmäßige Geschichte dieses politischen Phänomens zu finden.

*) Nun so ziehe doch den Hals aus diesem schandbaren Joche! Faß ein Herz und sag dir: ich bin frei. Gelt, du kannst nicht?

Das waren nicht mehr die alten Franzosen, die man schon öfter in diesen Gegenden unter den Ludwigen zu sehen das Unglük hatte; das waren Neufranken, die sich von jenen durch ihre Grundsäzze, durch ihre Art Krieg zu führen, durch ihre politischen Plane, und durch den Souverain, der sie sendete, aufs auffallendste unterschieden. „Sie kamen nicht um „Eroberungen zu machen; sie kamen blos, „den Völkern die Freiheit anzubieten, die ihnen von Gott und Rechtswegen gebühre, „und die ihnen bisher von ihren Regenten „tyrannischerWeise vorenthalten worden wäre." Gleich den Römern suchten sie in jedem Lande, wo sie sich eine Zeitlang aufhalten konnten, ihre Rechte einzuführen, überzeugt, daß wenn ihnen nur erst dieses gelungen wäre, es sich mit den Eroberungen von selbst geben würde. Welche Nation nun die Freiheit aus ihren Händen anzunehmen nicht Lust hat, die scheint ihnen durch ihren Sklavensinn deutlich genug zu erkennen zu geben, auf welche Art sie behandelt zu werden verdienet. So manche Stadt und so manches Städtchen Teutschlands hatte daher kein anderes Mittel sich gegen die Plünderung der Franzosen zu schützen, als sich patriotisch zu erklären, die Nationalkokarde aufzustecken und einen Freiheitsbaum zu pflanzen.

Daß sie in Teutschland eindringen würden, hatte man wahrscheinlich nicht vermuthet, sonst würde man hoffentlich im Stande gewesen seyn, die Ausführung dieses Vorhabens, wo nicht ganz zu verhüten, doch sie ihnen unendlich schwerer zu machen, als sie dieselbe wirklich gefunden haben. Es ist eine durch unzählige Beispiele aus der Geschichte bestätigte Bemerkung, daß die glänzendsten Vortheile auf der einen Seite immer durch Fehler, die man auf der andern Seite zu Schulden kommen ließ, erhalten wurden. Doch nun zur Sache selbst.

Cüstine, General-Kommandant von Landau, erfuhr, daß die österreichischen Magazine zu Speier und in den benachbarten Orten sehr schlecht bedekt wären, und fiel auf die sehr natürlichen Gedanken, ob es nicht möglich wäre, die daselbst befindliche schwache Mannschaft zu überrumpeln. Mainz erobern zu können, hatte er sich wahrscheinlich damals nicht einmal träumen lassen. Er marschirte zu dem Ende im September 1792 mit 10,000 Mann von Landau aus. Zweitausend Mainzer unter dem Oberst von Winkelmann, und 1200 Österreicher konnten der Übermacht der Franzosen nicht widerstehen. Zweihundert Mann von ihnen wurden am 30sten September bei Speier niedergemacht, und ungefähr 3000 Mann gefangen genommen; das Magazin wurde zerstört und auf 500 Wagen nach Landau gebracht. Darauf wurde allen bischöflich Speierschen Dörfern eine Kontribution auferlegt, von der die pfälzischen Unterthanen verschont blieben, weil der Kurfürst von Pfalzbaiern sich neutral gehalten hatte. Eigentlich beobachteten sie diese Schonung wohl nur, damit der Kurfürst nicht aufhören möchte, neutral zu bleiben. Denn man weiß ja, daß Konvenienz das Völkerrecht der Franzosen ist.

Die Nachrichten von Speier erregten in Mainz allgemeines Schrekken. Am ersten Oktober wurden daher die Kanonen auf die Wälle gebracht, wozu selbst der dort befindliche kaiserliche Minister, Herr von Schlick, seine Pferde hergab.

Unterdessen rükte Cüstine weiter vor über Oggersheim nach Worms, das er am 4ten Oktober besezte, und mit einer starken Kontribution belegte, die aber zum Besten der Bürgerschaft durch die Verwendung des Kanonikus Winkelmann sehr vermindert wurde.

Neuwinger erklärte am 5ten Oktober zu Worms: „daß Cüstine durch nichts anders „zu dieser Strenge sich gezwungen sähe, als „um auf die kräftigste Art die Empfindlichkeit „der französischen Nation über die Beleidi„gung an den Tag zu legen, welche sie durch „den allzudeutlichen Schutz erlitten, den der

„Fürst Bischof und der Magistrat zu Worms „den grausamsten Feinden Frankreichs, den „Emigranten, hätte angedeihen lassen." Diese Erklärung läßt sich sehr gut in die fünf lateinischen inhaltsvollen Worte zusammen drängen: Quicquid delirant reges plectuntur Achivi. Hor. Lib. I. ep. 2.

Übrigens hielt Cüstine sehr gute Mannszucht. Er ließ z. B. einen Hauptmann und etliche Gemeine erschießen, weil sie in Worms geplündert hatten. Noch aber getraute sich Cüstine nicht auf Mainz loszugehen; vielmehr zog er sich von Speier zurük, und schlug in der Gegend von Essingen, Walzheim und Ebesheim, zwei Stunden von Landau, ein Lager auf.

Erst in der Nacht vom 19ten bis 20sten Oktober erschien er, wahrscheinlich durch eine Einladung aufgemuntert, mit seiner Armee von 35,000 Mann (wie man sagte, sie war aber gewiß kaum ein Drittel so stark) vor Mainz, das nur von etwa 1200 Mainzern und Kaiserlichen zusammengenommen besezt war; da zur Vertheidigung dieser Festung wohl eben so viele Tausende, als sich Hunderte in derselben befanden, erforderlich sind.

Man gab sogleich alle Hofnung auf sich vertheidigen zu können, und schon am 21sten Oktober wurde im Lager bei Marienborn die Kapitulation unterzeichnet; Mainzischer Seits vom General Gymnich, (der noch Tags vorher versichert hatte, daß er die Festung nicht eher übergeben wolle, als bis ihm das Schnupftuch in der Tasche zu brennen anfangen würde) sodann vom geheimen Rath Kalkhof und Oberst Eikemeyer; französischer Seits aber von den beiden Deputirten Cüstine's, Munier und Petigny.

Die Besatzung zog ab mit allen kriegerischen Ehrenzeichen, Kriegskasse, Artillerie und Gepäk. Allein ein kaiserlicher Oberst, der mit seinen 900 Mann erst einige Tage vorher in die Stadt eingerükt war, ließ sich nicht mit in die Kapitulation einschließen, sondern entfernte sich mit seiner geringen Mannschaft aus der Stadt Mainz vor dem Angesicht der so furchtbaren Cüstinischen Armee, ohne daß ihm etwas in Weg gelegt wurde.

Die Kapitulation bestand aus acht Artikeln, worunter folgende nicht sehr gewissenhaft beobachtet wurden.

Art. 7. „Das Ministerium, die Dikasterien,
„die hohe und niedere Geistlichkeit, und
„alle in Diensten des Kurfürsten befind-
„liche Personen haben die Erlaubniß,
„sich mit ihrer Habe zu entfernen —
„jeder soll auf Verlangen Paß und siche-
„res Geleite bekommen."

Statt dessen wurden diejenigen, welche nicht schwören wollten, wie man sich ausdrückte, exportirt, ohne mehr mitnehmen zu dürfen als gerade ein Mensch tragen konnte. Und als darüber Mißvergnügen entstand, fand Cüstine für gut, den Bürgern alle Arten von Gewehren bei Strafe abfordern zu lassen. Diese Anmerkung erläutert zugleich den

Art. 3. „Der fränkische General nimmt das
„besondere Eigenthum eines jeden Ein-
„zelnen unter den Schutz des Gesetzes,
„und verbürgt dessen Sicherheit, gemäß
„den Grundsätzen der fränkischen Con-
„stitution."

In die Stadt zogen nur 7 bis 8000 Mann. Eine andere Kolonne brach am 21sten Oktober noch Abends nach Frankfurt auf.

Custine trat nun einstweilen an die Stelle des Kurfürsten, und bezog dessen Schloß, war aber dafür auch so höflich, ihm seinen Leibzug und die Krönungschaise zuzuschikken. Er ließ sich hier nichts abgehen, aß aber doch, aus republikanischer Pedanterei, auf blechernem Tischgeräthe. Die Stadt wurde mit der Kon- tribution verschont, und Munter zum Kom- mandanten der Festung ernannt.

Nun gieng es mit Riesenschritten darauf los, alles Alte abzuschaffen, und aus Mainz ein neues Departement zu bilden, das würdig wäre, sich an Frankreich anzuschließen.

Schon am dritten November wurde der Anfang dazu mit der Errichtung eines Freiheitsbaums vor dem Rathhause gemacht, bei welcher Feierlichkeit einige wonnetrunken herumtaumelten, andere aber natürlich sich ärgern mußten. Die Filialfreiheitsbäume suchte von Zeit zu Zeit Böhmer zu pflanzen, der deßwegen von den Mainzern selbst der Freiheitsgärtner genannt zu werden pflegte.

Bald darauf, in demselben Monat, ernannte Eüstine, unter Genehmhaltung des Nationalkonvents, das Personale zur Verwaltung der Gerechtigkeit, der Polizei und der Finanzen. Der ci-devant Priester Dorsch, welcher schon seit einem Jahre nach Straßburg gegangen war, um sein Kanonikat mit einer Frau zu vertauschen, wurde zurük berufen, und zum Präsidenten der Administration ernannt, bei welcher auch Förster und Blau als Räthe angestellt waren. Zu gleicher Zeit wurde auch Winkelmann die Mairestelle zu Worms übertragen. In der Proklamation, worin dieses dem Volk bekannt gemacht wurde, stauden folgende Worte:

„Wir ergreifen mit Eifer die Gelegenheit
„die Lasten des Volks zu erleichtern, indem
„wir öffentliche Verwalter ernennen, deren
„bewährte Grundsätze die Weisheit und
„Mäßigung verbürgen, welche ihre Hand-
„lungen und Beschlüsse leiten wird. —
„Wir kündigen mit Vergnügen den Ein-
„wohnern dieses Erzbisthums, wie auch
„dieser Städte und Bisthümer an, daß
„der Augenblik gekommen ist, wo der Ar-
„me wie der Reiche die nämlichen Rechte,
„den nämlichen Schutz der Gesetze und die
„nämliche Sicherheit seines Eigenthums
„genießen wird, ohne welche eine Staats-
„verwaltung nothwendig tyrannisch ist."

Unterdessen rükte die kombinirte Armee Cüstinen mit jedem Tage näher auf den Nak-ken. Viele von den Anhängern der Franzo-sen glaubten zwar bis auf den lezten Augen-blik nicht an die Möglichkeit, daß Mainz je wieder in die Hände der Teutschen fallen könne; inzwischen erregte doch die Wiedereroberung Frankfurts starke Sensation, und machte Cüstinen so verzagt, daß er Muth genug fühlte, am 19ten December proklamiren zu lassen, „daß derjenige, welcher sich unterstehen würde, von der Übergabe von Mainz zu „sprechen, auf der Stelle aufgeknüpft werden sollte."

Nun aber brachten die deputirten Kommissarien des National-Konvents aus Paris, Reubel, Hausman und Merlin, welche am ersten Januar 1793 zu Mainz eintrafen, neues Leben in die Geschäfte. Was für hohe Ideen die Klubisten mit den Worten deputirte Kommissarien des National-Konvents aus Paris mögen verbunden haben, läßt sich schon aus der Art ihres Empfangs schließen.

Die ganze Garnison stand unter Gewehr. Im kurfürstlichen Schlosse, wo sie abstiegen, wurden sie von Cüstine und mehreren Gene-

ralen und den Deputirten der Bürgerschaft,
bewillkommt. Erschienen sie in der Folge im
Klub, so empfieng man sie mit Händeklatschen,
und in den Reden, die dort gehalten wurden,
erwähnte man wohl auch ein Wörtchen von
der außerordentlichen Ehre, die sie
der Versammlung durch ihre Gegenwart erwiesen, welches aber Merlin aus Bonsens
verbat.

Bald nach diesen Kommissarien kamen noch
zwei andere Kommissarien vom Pouvoir exécutif zu Paris in Mainz an, Simon und
Grégoire. Beide hatten die gemessene Weisung, alle Güter und Domänen zu verkaufen,
auch zu gleicher Zeit die Assignaten in Umlauf
zu bringen.

Man hatte sich in Mainz noch ganz der
Freude über die Ankunft der Pariser Kom-
missarien überlassen, als die schlimme Nach-
richt von dem Gefechte bei Höchheim, wo die
Franzosen unter dem Oberst Neuwinger 375
Mann und 12 Kanonen verloren, in Mainz

ankam, und das Blut wieder ein bißgen abkühlte. Zu gleicher Zeit wurden die Franzosen auch aus Hochheim und Kostheim von den Preußen vertrieben. Noch ist dabei zu bemerken, daß als der König in Hochheim eintritt, zwölf Mann, die sich auf dem Hochheimer Thor versteckt hatten, auf die königliche Suite herabfeuerten, so daß das Leben dieses unerschrokkenen Monarchen sehr dabei auf dem Spiel stand. Im Nu waren diese zwölf Mann von dem Thor herabgestürzt und mit Bajonetten getödtet.

Auf diesen unangenehmen Vorfall mußte man dem Volke zur Zerstreuung wieder ein neues Fest geben. Man errichtete zu dem Behuf auf dem Markt einen neuen Freiheitsbaum, und hielt dabei eine Rede. Darauf wurde der Baum wieder herausgenommen, und in Prozession durch die Stadt ins Klubhaus, oder, was einerlei ist, weil der Klub da gehalten wurde, ins Komödienhaus getragen; daselbst von neuem aufgerichtet und mit einer feierlichen Rede eingeweiht. Auch das zweite Geschlecht war eingeladen diesen Zug zu begleiten; glücklicher Weise hat aber Juno oder Minerva meine Landsmänninnen vor dieser Thorheit bewahrt, je nachdem man nämlich ihr Ausbleiben entweder auf Rechnung des damaligen schlimmen Wetters, oder ihrer Delikatesse, die bei den Damen sehr oft die Stelle der Überlegung vertritt, setzen will.

Auf dem Theater stand ein Altar der Freiheit. Auf diesem wurden vor dem Angesichte des Volks alle Insignien des hohen und niedern Adels, Pergamene, Kronen, Szepter, Reichsapfel u. s. w. die von zwölf als Sklaven verkleideten Soldaten getragen wurden, verbrannt, und deren Reste in die hiezu bereiteten Gräber auf ewig verscharrt.

So innig man sich auch zur Freiheit und Gleichheit in Mainz verbunden hatte; so erregte der Ehrgeiz doch sehr bald, selbst unter den Mitgliedern des Klubs Zwist und Uneinigkeit. Einige drängten sich nämlich zu Ehren stellen; andere, die dieses merkten, machten ihnen daraus öffentlich ein Verbrechen. Man erlaubte sich Anzüglichkeiten, Sticheleien und endlich Grobheiten. Dieß gieng so weit, daß einst das ganze Protokoll einer solchen unruhigen Sitzung vernichtet werden mußte, weil man wohl einsah, daß die gegenseitigen Beleidigungen auf keine andere Art als durch gänzliche Amnestie würden aufgehoben werden können, indem die Erbitterung nur um so höher gestiegen seyn würde, jemehr man sich bemüht hätte, dieselben gegen einander abzuwägen und auszugleichen. Prof. Hoffmann hatte republikanische Geradheit genug, selbst das Betragen Cüstines mit den der Sache angemessenen Ausdrücken öffentlich in einer Rede zu kontrolliren, und Cüstine war klein genug, den andern Tag darauf selbst die Rednerbühne zu besteigen, und seine Rede mit den Worten zu eröffnen. „Ich könnte zwar den gestrigen Redner hängen lassen, der u. s. w.

Solche kleine Züge verrathen den Mann!

Noch aber hatten sehr viele nicht geschworen. Es mußten also auch in dieser Rücksicht
täglich viele Lungen in Bewegung gesezt werden, um die Einbildungskraft der phlegmati-
schen Teutschen anzufeuern, die jezt anfiengen,
der Sache so keinen rechten Beifall mehr geben zu wollen. Gleichwohl erwartete der Pariser National-Konvent von der Thätigkeit der
Kommissarien, daß bis zu Ende des Monats
März alles in seine Geleise gebracht seyn würde; und der National-Konvent nimmt ungern
Entschuldigungen an. *) Man behandelte
also dieses Geschäfte ernsthafter, das heißt,
man erlaubte sich dabei die äusserste Strenge.

Einer öffentlichen Bekanntmachung zu
Folge, sollte derjenige, welcher bis zum 4ten
März nicht würde geschworen haben, sein

---

*) Es war ihnen wirklich der 24ste März, wie
sie selbst nicht undeutlich zu erkennen gaben,
als Termin bei Verlust ihres Kopfes, zur Be-
endigung dieses Geschäftes vom Pariser N. K.
festgesezt.

Vermögen verlieren, und aus der Stadt verwiesen werden.

Die Bürger in den Munizipalstädten, wie z. B. in Bingen, mußten den Eid schwören, weil man ihnen mit Plünderung und Brand drohte, welches man auch wahrscheinlich würde gehalten haben.

Die Bauern endlich, welche nicht schwören wollten, wurden zur Schanzarbeit unter den Kanonen der Feinde verdammt.

So gieng es demnach den armen Mainzer Unterthanen unter Cüstine, wie es unter Karl dem Großen den Sachsen ergieng, nur mit dem einzigen Unterschiede, daß dieser die heidnischen Sachsen, um sie zu Christen zu machen, ins Wasser sprengte, und Cüstine die teutschen Bauern, um sie zu Franzosen zu machen, unters Kanonenfeuer jagte.

Auf diese Art kam wirklich im Monat März der Mainzer National-Konvent zu Stande, nachdem der Rheindistrikt so taliter qualiter auf französische Art organisirt und in Munizipalitäten u. s. w. eingetheilt war.

Dieser Konvent nun erließ im März 1793 zu Mainz folgendes merkwürdige Dekret:

„Der ganze Strich Landes von Landau
„bis Bingen, welcher Deputirte zu diesem
„Konvent schikt, soll von jezt an einen freien
„unabhängigen unzertrennlichen Staat aus-
„machen, und aller Zusammenhang mit dem
„teutschen Reich und dem Kaiser sey aufgeho-
„ben. Der Kurfürst von Mainz, der Fürst
„von Worms ꝛc. und alle geistliche und welt-
„liche mit der Volkssouveränetät unverträg-
„liche Körperschaften, werden ihrer Ansprüche
„auf diesen Staat, oder dessen Theile für
„verlustig erklärt. Ihre Souveränetätsrechte
„sind auf ewig erloschen. Gegen alle oben
„genannte Gewalthaber, im Falle sie sich auf
„der Behauptung ihrer vermeintlichen Rechte
„betreten ließen, wird die Todesstrafe er-
„kannt."

Und dieses Dekret war von dem zeitigen Präsidenten des Konvents, dem ehemaligen Professor Hoffmann in Mainz unterschrieben, der der Pethion der Mainzer genannt wurde, ungeachtet er zuverlässig weit bessere Eigenschaften besaß, als der Neufranke, dessen Gegenbild er seyn sollte.

Es ist überhaupt zu beklagen, daß mitunter gerade die besten Köpfe in Mainz den Franzosen zufielen, und dadurch für Teutschland verloren giengen. Man erinnere sich an Eikemeyer, Forster und Wedekind.

Eikemeyer hatte den Preis bei den Aufgaben der göttingschen ökonomischen Gesellschaft so oft davon getragen, daß man ihm endlich das Kompliment machte, er möchte lieber gar nicht mehr konkurriren.

Forster ist auch unter den Nichtgelehrten bekannt; und

Wedekind zeigte sich als ein aufgeklärter, talentvoller Arzt, sowohl in der Theorie als in der Praxis, und in seinem Lehrvortrag, pie in seinen Schriften. Noch im Jahr 1792 erhielt er den Preis einer goldenen Medaille in Erlangen über die Frage von dem Begriff der Redensart „Unreinigkeit der ersten Wege, und über die aus ihnen entstehenden Krankheiten." Auch sein Buch von der exoterischen Medizin, das ebenfalls 1792 erschien, gewährt dem Salon eine sehr interessante Lectür. — Sollte man wohl noch zweifeln, daß es in der Polti sik eben so gut wie in der Liebe, romanhafte Charaktere giebt?

Nachdem man sich in Mainz wegen des nun errichteten National-Konvents Bravo! genug gesagt hatte; war man auf nichts mehr bedacht, als Deputirte aus demselben zu wählen, um durch sie in Paris um die Vereinigung dieses neuen Departements mit der französischen Republik bitten zu lassen. Es war wirklich alles gut genug präparirt, und es fehlte nichts, als daß eine gute Armee der Sache, die jezt für uns ein lächerliches Ansehen hat, ein ernsthaftes gegeben hätte. Denn selber! kamen die Deputirten des Mainzer National-Konvents, Forster, Lux und Potock beinahe an demselben Tage in Paris an, als Mainz von der kombinirten Armee so gut als eingeschlossen war.

Cüstine hatte noch vor Thorsperre die Stadt zu verlassen für gut gefunden, unter deren Trümmer er so oft versprochen hatte, sich begraben zu lassen. Auch die Kommissarien wollten wenige Tage nachher ihre Personen und die Kriegskasse in Sicherheit bringen, und unter einer Bedeckung, die Cüstine über den Hundsrük ihnen entgegen schikte, nach Landau flüchten; wurden aber von den Preussen, welche die Anhöhen bei Guntersblum besezt hielten, zurükgetrieben, und mußten sich glüklich schäzzen, bei Nacht und Nebel zu Fuß wieder nach Mainz zurükkehren zu können. Wozu hätte auch wohl Cüstine's längere Gegenwart den Franzosen, oder selbst die Erfüllung seines Versprechens den Mainzern dienen können? Er hatte bereits das Seinige gethan, eine hinlängliche Garnison in Mainz zurükgelaßen, dadurch die Franzosen drei Monate Zeit gewonnen, die sie dazu anwenden konnten, die Orte in Elsaß, Lothringen und den Ardennen in Vertheidigungsstand zu setzen, und der kombinirten Armee, durch die Zeit, die sie vor Mainz zubringen mußte, die Kampagne in dieser Gegend verloren gemacht.

Nunmehr verändert sich die ganze Scene. Mainz wird blokirt.

Die Zahl der Einwohner, die sich in dieser Stadt befanden, schäzt man auf 30,000. Die damals Ausgewanderten sollen sich auf 15,000 belaufen haben. Für diese veranstaltete Herr Dr. und Oberpastor Hufnagel, ein eben so verdienstvoller Gelehrter als großer Menschenfreund, eine Kollekte in Frankfurt, die sich im Juni 1793. schon auf 7600 Rgulden belief.

Die Stadt Mainz befand sich in dem besten Vertheidigungszustande, und hatte 10,000 Mann Besatzung. Das ganz nahe dabei über der Rheinbrücke liegende Cassel hatte Gräben 24 Fuß breit und sehr tief. Die Wälle reichten bis an die Dächer der Häuser und waren mit einer zahlreichen Artillerie besezt. Hier befanden sich 6000 Mann. Der Kommandant hieß D'Oyre. Aus dem kurfürstlichen Schloß machte man ein Lazareth. Rings um Mainz wurde alles verwüstet; die Fabriken, die Alleen wurden verbrannt; und im Casseler, Hochheimer und Kostheimer Felde waren gegen 6000 Obstbäume umgehauen.

Diesseits des Rheins, bei Hochheim, Elbenheim und Mosbach stand das preußische, heßische und sächsische Lager; jenseits des Rheins hinter Mainz war das kaiserliche oder österreichische Lager aufgeschlagen.

Es verging nun keine Woche, in der nicht Ausfälle geschahen, oder kleine Treffen vorfielen, wobei die Franzosen gewöhnlich den Kürzern zogen, ungeachtet ihnen selbst Preußen zugestehen mußten, daß sie es an Muth und Tapferkeit nicht fehlen ließen. Das Schicksal der Einwohner in diesen Gegenden war höchst traurig. Keinen Augenblick sicher mußten sie alles im Stich lassen, und hinter ihnen oft ihre Häuser in Flammen aufgehen sehen. Dieß war jetzt nicht mehr abzuändern. So ließ z. B. der General Kalkreuth, um die Franzosen, die sich in Weissenau aufhielten, aus diesem Nest herauszutreiben, weil sie auf keine andere Art herauszubringen waren, am 17ten April so lange Haubitzen hineinwerfen, bis die Kirche und ein großer Theil der Häuser abgebrannt war.) Dieß würde gleichwohl nicht geschehen seyn, wenn das Feuer nicht unglücklicher Weise durch einen starken Südwind immer mehr und mehr angefacht und weiter getrieben worden wäre.

Ein gleiches Loos traf am 3ten Mai Kostheim, wo bei hundert Häuser in die Asche gelegt wurden. Als am 6ten Mai auf zwei Stunden Waffenstillstand gemacht wurde, um die auf beiden Seiten bei Kostheim gebliebene Mannschaft zu begraben, war es auffallend genug, daß man die Preußen mit den Franzosen trinken und sehr vergnügt beisammen seyn sah.

Für die in der Stadt Mainz waren dergleichen Vorfälle nur gleichsam das Vorspiel zur Belagerung, die den 16ten Junius ihren Anfang nahm. Denn von diesem Tage an verschlimmerte sich ihr Zustand ausserordentlich. Wie mußte ihnen zu Muthe seyn, als es vom 23sten bis 24sten Juni Granaten und Haubitzen gleichsam in die Stadt regnete?

Ob die Franzosen ihren Vortheil dabei zu finden glaubten, wenn sie die Feinde überreden könnten, daß es mit ihnen schon aufs Aeusserste gekommen wäre, oder was sie sonst für einen Grund haben mochten, genug am Johannistage brachten sie viele Weiber nebst ihren Kindern aus Mainz über die Rheinbrücke bis an die Vorposten der Preußen. Man vermuthete damals, daß es lauter Leute gewesen wären, die theils keine Lebensmittel mehr gehabt hätten, theils solche, die wegen der zunehmenden Gefahr selbst nicht mehr länger in der Stadt hätten bleiben wollten. Die Preußen ließen natürlich diese Unglücklichen nicht paßiren; und als sie nach Cassel zurük wollten, schossen die Franzosen auf sie, wiewohl nur blind, welches aber ihnen in ihrer verzweifelten Lage beinahe einerlei seyn konnte.

Nachdem sie zwei Tage in diesem trostlosen Zustande unter freiem Himmel zwischen den preußischen und französischen Vorposten hatten zubringen müssen, wurden sie endlich am 26sten nach Mainz wieder zurük berufen. Man sagt, daß einige von diesen Weibern ihre Kinder aus Verzweiflung in den Rhein geworfen und sich selbst ersäuft hätten.

Jezt suchte man auch gegen die Franzosen Gebrauch von schwimmenden Batterien zu machen; jedoch ohne sonderlichen Erfolg.

Durch die Verrätherei eines Schiffers, der heimlich das Tau abgeschnitten und sich davon geschlichen hatte, fiel am 29sten Juni eine

solche schwimmende Batterie den Franzosen in
die Hände, nachdem sie beinahe mit den funfs
zig Mann, die sich darauf befanden, von
den Franzosen in den Grund gebohrt war. Der
darauf befindliche Offizier, ein Herr von Kay,
serling, zeichnete sich durch Muth und Gegens
wart des Geistes bei dieser Gelegenheit sehr
aus. Er kapitulirte mit den Franzosen noch
in dem Augenblik, als die Maschine, worauf
er mit seinen Leuten sich befand, bereits im
Begriff war zu sinken. Nach vorhergegange
ner Entwaffnung wurden sie von den Franzos
sen ohne Auswechslung wieder zurückgegeben.

Im Monat Juli brannte es fast alle Tage
in Mainz. In der Nacht vom 1sten zum
2ten Juli konnte man das Feuer am Himmel
sogar auf der Mainbrücke in Frankfurt sehen.
Die Dompropstei, so wie auch der Ingelheis
mer und Dalbergerhof wurden dadurch bis auf
den Grund in die Asche gelegt. Und in der
Nacht vom 3ten zum 4ten Juli wurden die

Teutschen aufs neue so viel Feuerkugeln in die Stadt, daß in einer Stunde die Albanskirche und die in der dortigen Gegend befindlichen Häuser bis nach der Domkirche in Flammen standen.

Auf diese Art hatten die Mainzer Tag und Nacht keine Ruhe, aber eben so wenig auch die Belagerer; denn die Franzosen ließen es auf keine Weise an Thätigkeit fehlen. Sie machten häufige und sehr kühne Ausfälle, wie z. B. bei Marienborn und Weissenau, mit denen es ihnen aber bei der Tapferkeit und Disciplin der preußischen Truppen niemals ganz gelingen wollte. Bei dem Ausfall aufs Weissenauer Klösterchen am 13ten Juli sollen sie 500 Mann und die Preußen 300 Mann verloren haben.

Bald darauf hatten sie auch das Unglück, ihr Laboratorium in Mainz in die Luft fliegen zu sehen, und so erfolgte denn endlich am 22sten Julius die Übergabe der Stadt und Festung Mainz, nachdem sie dritthalb Monate blokirt, fünf Wochen belagert worden war, und sich im Ganzen gerade neun Monate in den Händen der Franzosen befunden hatte.

Die Garnison blieb noch 48 Stunden in der Festung; dann wurde sie in drei Kolonnen nach der französischen Grenze eskortirt.

Ihr Gepäkke nahmen die Franzosen mit; ihre Wagen mußten sich aber der Visitation unterwerfen. Sie bestanden noch aus 13,000 Mann mit Inbegriff von 4000 Kranken. Die Belagerten würden sich auch wahrscheinlich noch länger haben halten können, hätte es ihnen nicht an Flintensteinen und an Mitteln zur Verpflegung der Kranken gefehlt.

Während der ganzen Belagerung verloren acht Mainzer Einwohner durch teutsche Kugeln das Leben, und sechzehen wurden verwundet.

Die Kapitulation wollte der Kommissarius Reubel schließen. Der König erklärte aber, daß er weder einen Reubel noch einen Nationalkonvent kenne. Daher wurde die Kapitulation blos von der Generalität, dem General Kalkreuth auf der einen, und dem General D'Oyré auf der andern Seite in Marienborn unterzeichnet. Lezterem war der König so großmüthig mit zwei Kanonen für seine eigene Person ein Geschenk zu machen.

Merkwürdig scheint es mir noch, daß die zurückgehaltene Wuth der Mainzer gegen die Klubisten bei dem Abmarsche der Franzosen auf eine fürchterliche Art losbrach. Verschiedene Klubisten hatten sich, wie die damaligen Berichte lauteten, in Nationalgarden-Uniform beim Abzuge der Franzosen mit ihnen in Reih und Glied gestellt, um sicher aus der Stadt zu kommen. Allein mit einer Wuth, die auf nichts Rüksicht nimmt, stürzten die Mainzer in die Glieder, rissen sie unter gräßlichen Verwünschungen heraus, und nachdem sie auf eine thätige Art ihrer Rachsucht ein Genüge gethan hatten, übergaben sie dieselben der Wache. Die Franzosen machten nicht die

geringste Miene ihre Freunde zu retten; im
Gegentheil schoben sie dieselben lächelnd den
von Rache entbrannten Teutschen zu.

15.

Georg Forster.

Unter den Mainzer Klubisten befand sich un=
ter andern auch, wie bekannt, Georg Forster,
ein Mann, der sich bereits allgemeine Achtung
und Liebe erworben hatte, weil er mit den hell=
sten Einsichten und mit den herrlichsten Kennt=
nissen den liebenswürdigsten Charakter ver=
band. Man konnte es kaum in Teutschland
glauben, als man hörte, daß auch er sich auf
die Seite der Neufranken geschlagen habe,
deren System von Freiheit und Gleichheit, wie
man als ausgemacht annahm, kein vernünfti=
ger Mann beipflichten könne. Auch wage ich
es kaum, diesen Schritt Forsters mit etwas
anderem zu entschuldigen, als mit dem Rouf=

keauſchen, il y a des moments de deſire, où il ne faut pas juger les hommes.

Forſters Einbildungskraft entwarf ihm ein lebhaftes Bild von dem glüklichen Zuſtande, deſſen die Mainzer genießen würden, ſobald die Hierarchie abgeſchaft wäre, und ſie eine Verfaſſung erhalten hätten, bei der ihnen Thür und Thor offen ſtünde, beſſere und vernünftigere Menſchen zu werden. Zugleich ſah Forſter im Geiſte voraus, welche Vortheile auf dieſe Weiſe der ganzen Menſchheit zuwachſen würden; ſein Herz gab dieſem Gemälde Beifall, und Forſter war, noch ehe er es gewahr wurde, aus der wirklichen Welt fortgeriſſen in die idealiſche; bis endlich die Überzeugung von dem ſchlechten Erfolg ſeiner Bemühungen und die nach und nach eintretende kühlere Überlegung, ihm den Zauber benahm, bei dem er ſich, in dem Bewußtſeyn, der Menſchheit ſich aufzuopfern, ſo glüklich fühlte.

Mehr sage ich nicht, und mehr kann ich auch nicht sagen, weil es zu anmaßend von mir seyn würde, so alle Handlungen eines Mannes nach Alltagsregeln vor dem Angesicht eines erleuchteten Publikums, in die beiden Schachteln gut und schlecht sondern zu wollen.

Aber um so interessanter muß es seyn, den Bühler gewordenen Philosophen selbst von sich reden zu hören. Er that dieß in zweien von Paris aus datirten Briefen, die er in englischer Sprache an einen seiner vertrautesten Freunde in Teutschland geschrieben hatte, von dem ich die Erlaubniß erhielt, hier im Auszuge eine Übersetzung liefern zu dürfen.

I.

Paris, den 11ten Juli 1793.

„Meine Lage in Mainz war von so be-
„sonderer Art, daß ich, ohne meinen Grund-
„sätzen zuwider zu handeln, nicht umhin
„konnte, eine thätige Rolle bei den öffentlichen

„Angelegenheiten zu übernehmen, und endlich
„selbst einer von den Hauptverbreitern
„des französischen Freiheitssystems zu wer-
„den." *) Ich habe von der Mitte des No-

*) Er wurde es wirklich, indem er zum Erstau-
nen derer, die ihn vorher kannten, die Rolle
des sanften friedlichen Gelehrten, mit der eines
Streitführers vertauschte. Unter den Aposteln,
welche die französischen Kommissarien in die
herumliegende Gegend ausschikten, um ihr System zu verbreiten, und die Städte und Ortschaften zu munizipalisiren, wurde Forstern die
Sendung nach Grünstadt übertragen. Hier sollte
er den drei regierenden Grafen von Leiningen
antragen, sich ihrer Privilegien zu begeben, und
widrigenfalls sie im Namen der französischen
Republik gefangen nehmen. Unterwegs erhielt
er Winke, daß sie zum ersteren sich nicht verstehen, sondern daß man im Gegentheil darauf
dachte, ihn und seine Begleiter fest zu nehmen.
Er schikte daher sogleich eine Botschaft um
Sukkurs nach Mainz. Merlin, stets bereit zu
tapfern Ritterzügen, sezte sich sogleich auf, um
an der Spize von 60 Chasseurs Forstern zu Hülfe
zu eilen; allein als er ankam, fand er ihn schon
im Besiz des Schlosses und der Grafen, die er
mit Hülfe weniger aus der Gegend selbst zusam-

„vembers bis zu Ende Märzes mit äusserster
„Anstrengung und Kraft zum Besten meiner
„unglüklichen Mitbürger gearbeitet, wiewohl
„es ihnen wenig Nutzen geschaft hat, da —

„die schwankende Lage der Sachen zeigt mir
„keine Aussicht für die Zukunft. Als Anhäns

mengerafter Leute, gefangen genommen hatte.
Nur ein alter Bedienter hatte sich zur Wehre
setzen wollen, alle andern hatten sich gutwillig
ergeben, und Forster fand keine Schwierigkeit,
die ganze kleine Grafschaft zu munizipalisiren.
Einen Zug von einer bejahrten Hofdame, die
ebenfalls arretirt ward, kann ich nicht unberührt
lassen. Sie schrieb aus ihrem Arrest einen pa-
thetisch beweglichen Brief an Forstern, worin
sie unter übertriebenem Weihrauch die Hofnung
äusserte, daß ein Mann von so weltberühmter
Philosophie, Gelahrtheit und Humanität doch
nicht verweigern würde — zwei Schooshünd-
chen, die, ich weiß nicht durch welchen Zufall,
von ihr getrennt wurden, zu ihr zu lassen. Forster schikte ihr mit einer galanten Antwort sogleich die beiden Arrestanten zu.

„ger Frankreichs bin ich in Teutschland und
„wahrscheinlich auch in England proskribirt,
„und muß für jezt bleiben, wo ich bin; wenn
„gleich die Gewaltthätigkeiten der ehrgeizigen
„und raubsüchtigen Partheyen für den tugend=
„haften und uneigennützigen Patrioten ein An=
„blik sind, der weit entfernt ihn aufzumun=
„tern, alle seine Begeisterung und Hoffnungen
„zu Boden schlagen muß.

„Ich bin meiner Philosophie gewiß genug,
„um mich bei dem Gedanken zu beruhigen,
„daß nichts in der Welt durch Zufall geschieht,
„und daß die Veränderungen, die sich in un=
„sern Tagen zugetragen haben, die unver=
„meidliche Folge von den Verbrechen der vor=
„hergehenden Regierungen waren. Wenn
„aber auch gleich der Segen der Freiheit fast
„niemals denjenigen zu Gute kommt, die
„sich's am sauersten werden ließen sie zu grün=
„den: so kann man doch darum nicht anneh=
„men, daß die Weisheit und Güte, welche
„über die Schiksale des Menschengeschlechts

„waltet, Europa ganz dem Drukke der Ty-
„ranney preiß geben werde, die, wenn sie
„freies Spiel behält, mit der Vernichtung
„unsrer moralischen und intellektuellen Kräfte,
„und mit der Ertödtung jeder Tugend endigen
„muß. Wohl weiß ich, daß vollkommene
„Glükseligkeit, vollkommene Tugend und voll-
„kommene Freiheit nicht in dieser Welt erwar-
„tet werden können, und daß sie ausserdem
„mehr das Resultat unsers eigenen Bestre-
„bens, unsrer selbst Meister zu werden, als
„Wirkung dieser oder jener Regierungsform
„sind. Allein, ich weiß ebenfalls, daß die
„größere Masse des Menschengeschlechts einer
„freien Regierungsform bedarf, um einen ge-
„wissen Grad von Tugend zu erlangen, und
„einen gewissen Grad von Glükseligkeit zu ge-
„nießen.

„Diese Grundsätze, und diese Art die Dinge
„vor mir anzusehen, halten mich aufrecht un-
„ter den widrigsten Unfällen, die ich je er-
„fuhr; und wenn auch ich die Hoffnung auf-

„geben müßte, ächte Freiheit in Frankreich
„gegründet zu sehen, so kann ich dennoch nicht
„zweifeln, daß sie die lezte Frucht unsers un-
„seligen Kampfes seyn wird.

„Die Menschen sind zum Handeln gemacht,
„und daraus entspringt Erfahrung, und ich
„darf wohl hinzusetzen, daß Erfahrung oder
„das Erwerben von Ideen und Sentiments,
„die unsern Verstand bereichern, unsre Ver-
„nunft aufklären, und die Schnelligkeit unsrer
„Gefühle befördern, der einzige wahre End-
„zwek unsers Erdenlebens zu seyn scheint.
„Denn das animalische Leben ist unsrer Mün-
„sche unwerth, wofern es nicht mit dem mora-
„lischen Leben verbunden ist; und zu lezterem
„kann nur unsre theuer erkaufte Erfahrung
„uns leiten. Ich muß jezt den Ausgang
„abwarten.

II.

Paris, den 12ten August 1793.

„Was mich selbst betrift, so hoffe ich, daß
„mein Betragen bisher vollkommen konsequent
„war. Ich bin stets ein warmer und eifriger
„Freund der Freiheit gewesen, und habe mich
„ihr in die Arme geworfen, als ich glaubte,
„daß die Länder am Rhein durch sie beglükt
„werden würden. Die Art, wie man seit
„einiger Zeit die Sache angriff, ließ mich mit
„Zuverläßigkeit voraussehen, was wirklich ge-
„schehen ist. Hätte ich dieses sechs oder acht
„Monate früher voraussehen können, so würde
„ich anders gehandelt haben, als ich damals
„that. *) Doch werde ich auch, so wie es

*) Als Forster eines Tages höchst unmuthig von den
Kommissarien zurükkam, denen er im Namen
der Administration vergebens Vorstellungen gegen den unrechtmäßigen Verkauf des Kurfürstl.
Mobiliars gemacht hatte, welches in diesem Fall
dem Mainzer Volk hätte zu Gute kommen müs-

„nun einmal ist, fortfahren der Sache der
„Freiheit zu dienen, so lange man meine Be-
„mühungen annehmen will. Stellt man mich
„bei Seite, findet man meine großen Aufopfe-
„rungen, den Verlust meines Guts und mei-
„ner Hoffnungen nicht der Mühe werth, mir
„Schadloshaltung und Beschäftigung zu ge-
„ben, wie sie meinen geringen Fähigkeiten an-
„gemessen ist, so werde ich glauben, daß die
„Republik nicht länger Anspruch auf einen
„Mann hat, der freiwillig ihr zu dienen er-
„wählte, und es mit Gefahr und Beschwerde
„that.

sen, sagte er: „Ich sehe, daß mit allen tönen-
„den Worten diese Bluthunde es nur auf Geld-
„schneidereien anlegen, und auf diese Art muß
„es mir wehe thun, wahrscheinlich nur zum
„Verderben des Volks die Hand geboten zu ha-
„ben, dessen Besten ich mich gern aufgeopfert
„hätte." Von dieser Zeit an schien er Mainz
verloren zu geben, und richtete, da er nicht
mehr zurük konnte, sein Bestreben nur darauf,
nach Paris zu gehen.

„Ich habe aus der Erfahrung gefunden,
„daß mein Charakter, meine Grundsätze, meine
„Liebe zur Tugend und Vernunft mich nicht
„sehr geschikt für eine politische Laufbahn
„machen, wo es so viel Doppelzüngigkeit
„(duplicity) und List bedarf, und wo man
„so oft gezwungen wird, bei Führung der poli-
„tischen Angelegenheiten, von seinen Grund-
„sätzen abzuweichen. —

„Wenn ich jezt meine gegenwärtige Lage
„verlasse, so ist es mein fester Vorsaz, nie
„mehr thätigen Antheil an politischen Refor-
„men, Konstitutionen und Regierungen zu
„nehmen; sondern es andern zu überlassen,
„sich in Dinge zu mischen, wobei ich nicht
„fand, was ich erwartete, und die, meines
„Erachtens, reine und friedliche Wirkung der
„Vernunft, ohne Einmischung von Gewalt-
„samkeit seyn sollten."

Forster starb zu Paris am 11ten Januar
(oder den 22sten Nivose) 1794 an einem star-

butischen Fieber, in einem Alter von 39 Jahren. Seine Geburtsstadt ist Danzig, wo sein würdiger Vater, der berühmte Professor Reinhold Forster in Halle, Prediger war. Schon in seinem zwölften Jahre reiste er nach England, und in seinem achtzehnten Jahre machte er in Gesellschaft seines Vaters mit Cook die zweite Reise um die Welt, von der er nach vier Jahren erst wieder zurückkam. Durch die Herausgabe seiner classischen Reisebeschreibung, die sowohl in teutscher als englischer Sprache erschien, hat er die Naturgeschichte, Geographie und Anthropographie außerordentlich bereichert. Gleichwohl gefiel sie dem englischen Ministerium nicht, vermuthlich weil Forster darin mit naiver Freimüthigkeit von Dingen sprach, von denen die Admiralität gewünscht hätte, daß sie unbekannt geblieben wären.

Forster verließ England, wie man denken kann, nicht sehr zufrieden, und reiste nach Frankreich, wo er vom Graf Büffon sehr gut aufgenommen wurde, der sich, nach dem Aus-

Hruk des französischen Biographen *), ein Vergnügen daraus machte, auf dieses fruchtbare Erdreich neue Kenntnisse zu verpflanzen; qui se plût à planter de nouvelles connoissances dans un si riche terrain. Darauf wurde Forster von dem Landgrafen von Hessen-Cassel bei der Akademie als Lehrer der Naturgeschichte angestellt. Von hier aus folgte er einem Ruf nach Wilna, wo er ebenfalls als Professor der Naturgeschichte mit dem Character eines geheimen Raths angestellt war. Diesen Posten verließ er nach einigen Jahren, aus Durst nach neuen Kenntnissen. Catharina die zweite machte ihm nämlich den Antrag, eine neue Reise um die Welt zu unternehmen, die aber nicht zu Stande kam, weil zu eben der Zeit der Krieg zwischen Rußland und der

---

*) Im Moniteur universel No. 119 du 29 Nivose 1794 befindet sich eine Lebensbeschreibung Forsters, die ich aber troz ihrer Originalität hier nicht in der Uebersetzung mittheilen wollte, weil sie zu viele Impertinenzen enthält.

Pforte ausbrach, auf den man sich nicht sehr vorgesehen hatte.

Es dauerte nicht lange, so berief ihn der Kurfürst von Mainz auf die dasige Universität als Professor und Bibliothekar mit dem Titel eines Hofraths.

Was sich hier mit Forstern merkwürdiges zutrug, davon sind meine Leser bereits unterrichtet. Sein französischer Biograph drükt sich so aus:

Forster qui avait vu l'homme presque sur tous les degrès possibles de civilisation, simple et heureux à Otahite, anthropophage dans la nouvelle Zeelande, corrompu par l'avarice en Angleterre, corrompu par le lux en France, corrompu par la superstition en Brabant, engourdi par une fédération monstrueuse en Allemagne, Forster devait naturellement embrasser avec enthousiasme une Revolution qui rend à l'homme ses droits et son Bonheur.

16.

Kurze Geschichte der Einnahme und Wiedereroberung Frankfurts am Main im Jahr 1792.

Quod satis est, cui contigit, hic nil amplius
optat. Hor. Lib. I. ep. 2. *)

Da ich mich auf eine umständlichere Erzählung von den Neufranken in Königstein und Mainz eingelassen habe: so würde es unverzeihlich seyn, wenn ich hier gar nichts von den Scenen erwähnte, zu denen sie in Frankfurt Veranlassung gaben, da diese für Teutschland doch nicht minder merkwürdig sind. Doch ich überlasse das Urtheil meinen Lesern.

An eben dem Tage, an welchem Mainz den Franzosen übergeben wurde, brach Abends eine Kolonne der Cüstineschen Armee nach Frankfurt auf. Die Kolonne, die am 21sten

---

*) Wem, was genug ist, das Glük gab, der begehrt nichts weiter.

Oktober in Mainz einmarschirte, war höchstens, wie ich schon gesagt habe, 7 bis 8000 Mann stark, und diejenige, die am 22sten vor Frankfurt ankam, soll aus 3000 Mann bestanden haben.

Der Verfasser war selbst damals in Frankfurt gegenwärtig, und hat sich durch den Augenschein überzeugen können, daß diese Angabe wenigstens um die Hälfte zu hoch angesezt ist. Es mochten ungefähr 1500 Mann seyn. Mithin belief sich die so fürchterliche Cüstinesche Armee vor Mainz, wenn man viel annehmen will, auf 10,000 Mann.

Es wurde der Feldherrischen Klugheit Cüstine's sehr verdacht, daß er sich bei Frankfurt aufhielt, wo er seine Leute und die gute Idee, die man anfangs noch hie und da von den Absichten der Neufranken haben mochte, ohne großen Nutzen aufopferte, statt sogleich einen Streifzug nach Koblenz vorzunehmen, wo er ansehnliche und schlecht bedekte Magazine würde erbeutet, und den ganzen Vortheil über den Rhein erlangt haben.

Cüstine entschuldigte sich damit, daß das Anschwellen des Rheins sowohl als andrer Gewässer, ihn von diesem Zuge abgehalten hätte. Man sieht aber leicht, daß er sich damit blos entschuldigte, daß er, zum guten Glükke für Teutschland, kein Hannibal wäre.

Da er indessen Mainz und Frankfurt so schnell und so leicht bekommen hatte, so verbreitete sich die Furcht vor seiner siegreichen Armee weiter als man glauben sollte, und es würde ihm, wenn er Kopf und Thätigkeit genug gehabt hätte, noch manches Stükchen gelungen seyn. Die Sauvegarde aber, die er der Universität Göttingen schikte, war überflüssig.

Um eben diese Zeit, nämlich im Oktober, wurden die Emigrirten von der kombinirten Armee entlassen. Diese benuzten zum Theil den Ruf Cüstines, gaben sich für Detaschements seiner Armee aus und trieben bei Heibeibergibts ins Kasselsche, hie und da auf Dörfern Kontribution ein. Sie waren einigermaßen dazu genöthigt; denn es konnte damals in Teutschland gewiß kein Mensch wegen seines weitern Fortkommens sich in größerer Verlegenheit befinden, als ein Franzos, zumal, wenn er gar nichts von der Landessprache verstand. Dieß veranlaßte die Regierungen in den meisten teutschen Staaten, die Verordnung ergehen zu lassen, daß kein Emigrirter sich länger als vier und zwanzig Stunden in der Stadt sollte aufhalten dürfen. Dadurch mußten nothwendig viele rechtschaffene und brave Leute unter den Emigrirten in eine Lage gerathen, die ich keinem ehrlichen Mann wünsche. Doch nun zur Sache.

Am 22sten Oktober war man in Frankfurt sehr überrascht, Neufranken vor den Thoren der Stadt zu finden, welche niemanden weder heraus noch hineinließen.

Der Magistrat in Frankfurt befürchtete im Grunde nichts von den Franzosen. Er hatte

im December 1791 sogar ein Danksagungs-
schreiben des französischen Staatsministers
DeLessart im Namen des Königs erhalten,
weil er sich geweigert hatte, den Emigrirten
einige Kanonen aus dem Stadtzeughause käuf-
lich zu überlassen.

Man schikte also dem Neufränkischen Deta-
schement, dessen Anführer Neuwinger hieß,
Deputirte zu, um sich nach der Absicht ihrer
Annäherung zu erkundigen.

Unterdessen strömte alles Volk auf die Wälle
am Bokkenheimer Thor, um die Neufränkischen Soldaten zu sehen, die sich auf dem
Glacis gelagert hatten, und zur großen Be-
lustigung des Frankfurter Pöbels ein Frühstük
verzehrten, das ihnen von dem Magistrat gegeben wurde.

Neuwinger antwortete den Deputirten, daß
er ein Schreiben des kommandirenden Generals Cüstine an den Rath in Person abzugeben
habe. Die Gegenvorstellungen mußten sehr
triftig gewesen seyn, weil Neuwinger am Ende

nichts beſſers zu ſagen und zu thun wußte, als
mit ſeinen Leuten vorwärts zu rükken, und
als die Öffnung der Thore nicht ſogleich erfolgte, die Kanonen mit den Worten: Tour-
nez la batterie! auf dieſelben richten zu laſſen.
Dieſes Hephota ſprengte ſie auf einmal, da
man nicht für rathſam hielt, es aufs äußerſte
kommen zu laſſen, und die Zugbrükke fiel. *)

Der General verlangte anfangs nichts als
Quartier für ſeine Truppen, und dieſes Verlangen begleitete er mit dem Befehl an ſeine

*) Im April 1793 wurde eben dieſer Neuwinger
als Gefangener, und ſehr ſtark verwundet nach
Frankfurt und von da weiter nach Magdeburg
gebracht. War er ſechs Monate früher das
Schrekken der Stadt, ſo war er jezt in eben dem
Grade das Geſpötte des Pöbels, der ſich Schaa-
renweiſe um ſeinen Wagen und zu ſeinem Logis
im Weidenhof drängte, und ihm zurief: „Tour-
nez la batterie! Salzdieb!“ Er hatte nämlich
auch in einer Expedition auf Nauheim die dort
befindlichen Salzwerke geplündert. Indeſſen
gaben ihm die edleren Frankfurter auch mancherlei Beweiſe von Großmuth, und ſuchten
ihm ſein Schikſal auf alle Art zu erleichtern.

Leute, keine ihrer Bedürfnisse unentgeltlich zu begehren.

Darauf erst übergab Neuwinger das Schreiben Cüstine's an den Magistrat. Cüstine verlangt darin zwei Millionen rheinische Gulden Kontribution, wegen des den Emigrirten ertheilten Schutzes, dessen man sich gar nicht bewußt war. Man schikte deßwegen eine Deputation an ihn nach Mainz. Er ließ eine halbe Million nach.

Darauf eröffnete man noch in der Nacht, (weil Cüstine sehr eilig that, und dadurch zu verrathen schien, daß er die Stadt bald wieder verlassen wolle) ein Anlehn für die Stadtkasse mit Einwilligung der Bürgerschaft. Allein das Bewußtseyn der Unschuld sowohl des Raths als der Stadt, erregte über die Behandlung derselben Empfindungen, welche der Magistrat zu besänftigen trachten mußte.

Dieß bewog wahrscheinlich Neuwingern oder vielmehr Cüstinen durch einen gedrukten Ausruf bekannt zu machen, daß die Kontribution

„nicht von der Bürgerschaft, sondern bloß von
„den in der Stadt befindlichen Stiftern, Klö-
„stern, kurfürstlichen, fürstlichen, gräflichen
„und adelichen Häusern getragen werden
„sollte."

Die Bürger nahmen sich ganz vortreflich
dabei. Sie schikten dem General Cüstine am
5ten November einen Aufsatz, der von ungefähr zweitausend Handwerkern und Gärtner-
meistern unterschrieben war, folgenden Inhalts:

„Sie wollen uns, Herr General, vor Be-
„drükkung schützen, von der Frankfurts Bür-
„ger Gottlob nichts wissen, und noch weniger
„fühlen. Sie wollen uns eine Freiheit ver-
„sichern, die wir schon genießen. Unsere
„Vorgesezten sind unsere Mitbürger. Der
„Magistrat wird selbst aus unsrer Mitte mit
„Handwerkern besezt, die sogar ein Drittheil
„des ganzen Raths ausmachen. Bei Ver-
„waltung der öffentlichen Kassen stehen Bür-
„ger zur Seite — — und es wird über de-
„ren Zustand auch von Zeit zu Zeit Rechen-

„schaft gegeben. Die Magistratspersonen tra-
„gen die gemeinen Lasten so gut wie wir; sie
„haben keine andere Vorzüge, als dasjenige
„Ansehen, welches zur Führung ihres obrig-
„keitlichen Amtes erforderlich ist. — — —

„Unsere Abgaben sind äusserst gering, und
„keiner unter uns hat sich darüber zu bekla-
„gen. Unsre allgemeine Wohlfahrt hängt mit
„unsrer glüklichen Verfassung und dem Wohl-
„stande unsrer reicheren Mitbürger allzueng
„zusammen, als daß wir uns nicht für diese
„verwenden sollten. Denn, wenn Sie, Herr
„General, unseren reicheren Mitbürgern so
„viel Geld abnehmen, so sind wir der Mittel-
„stand, und ärmere Bürger mitgestraft, weil
„unser Handel, unser Gewerbe sinkt, und
„unser Verdienst abnimmt. Wir leiden also
„alle darunter. — — — — —
„— — — — — — —

„Übrigens wüßten wir nicht, womit wir
„unsern Eifer für die fränkische Republik leb-
„hafter an den Tag legen könnten, als durch

„den aufrichtigsten Wunsch, daß die fränkische „Nation mit Ihrer neuen Verfassung so glück„lich seyn möchte, als wir bisher mit der „unsrigen waren."

Ehe dieses Schreiben der Frankfurter Bürger, welches nicht nur dem Magistrat und der Bürgerschaft dieser freien Reichsstadt, sondern ganz Teutschland große Ehre macht, an den General abgeschikt wurde, pflog man noch verschiedene Unterhandlungen wegen der Konstribution.

Am 24sten Oktober überlieferte man Neuwingern 500,000 Livres. Cüstine erließ darauf einer zweiten Deputation noch eine halbe Million Gulden, aber mit der Bedingung ihm dafür einige Kanonen zu leihen. Dieses Ansinnen des Generals wurde rund abgeschlagen, und man bezahlte am 26ten Oktober noch 150,000 Livres, mit neuen Vorstellungen um Nachlaß.

Darob entrüstete sich Cüstine, und kam am 27sten selbst nach Frankfurt, griff aus den größten Handlungshäusern acht Geißeln, und bestand nun durchaus wieder auf zwei Millionen RGulden, mit der Bedrohung, daß sonst die Geißeln abgeführt werden sollten.

Da man aber einige Tage darauf (am 3ten Oktober) die volle Summe einer Million teutscher Gulden erlegt, und für die zweite eine Verschreibung auf sechs und zehen Monate gab; so wurde Cüstine auf einmal wieder sehr artig; die Geißeln wurden entlassen, und der Stadt eine Sauvegarde gegeben. Cüstine versprach sogar den Frankfurtern, sich brüderlich für sie bei seiner Nation zu verwenden. *)

*) Dabei ist zu bemerken, daß diese Kontribution keinem einzigen zur Last fiel. Man forderte jeden auf, wer sein Geld gegen vier Procent der Stadtkämmerei geben wollte, und brachte in kurzen mehr Geld zusammen, als man wahrscheinlich dem General sogleich zu geben für gut fand. Die dargeliehenen Kapitalien stehen hier so sicher, daß man sich beinahe darum reißt, auf diese Art sein Geld unterzubringen.

Am 16ten November bekam der General major van Helden, ehemaliger Kommandant der Truppen in Weißenburg und Lauterburg das Kommando über die Garnison in Frankfurt, das er aber nicht länger als 16 Tage behielt. Denn am zweiten December versammelten sich die Corps der kombinirten Armee auf der Höhe von Bergen, zwei Stunden von Frankfurt; und um neun Uhr des Morgens, gerade während der Kirche, (es war Sonntag) geschah der Angriff auf diese Reichsstadt, der sie in einer Stunde von den ihnen so lästigen Neufranken befreite.

Cüstine hatte den Frankfurtern zwar versprochen, die Stadt durch hartnäckige Vertheidigung, wenn sie allenfalls angegriffen werden sollte, nicht in Gefahr zu bringen; allein er hielt nicht Wort. Die jungen Bürgerssöhne wurden daher wüthend, als sie hörten, daß Cüstine dem General van Helden insgeheim einen ganz entgegengesezten Befehl gegeben hätte. Ihre Wuth stieg aufs höchste, als sie sahen, daß die Franzosen sogar schon einige Kanonen aus ihrem Zeughause herausgeführt hatten. Sie rissen sogleich die Fuhrleute von den Pferden, schnitten die Stränge von den Lavetten, drängten sich selbst an die Thore, und sprengten sie, trotz der Widersezlichkeit der Franzosen, auf. Vorzüglich zeichnete sich dabei ein Bierbrauersknecht aus, der immer voran war, ohne im geringsten beschädiget zu werden.

Was mich betrifft, so finde ich es sehr natürlich, daß sich die Frankfurter so unangenehme Gäste, wie die Franzosen waren, auf alle Weise vom Hals zu schaffen suchten, zumal da deren Wohl mit dem Wohl ihrer Landsleute und Freunde in Kollision kam. Indessen thaten dieß nicht einmal die Bürger, sondern blos eine Schaar junger Bursche, und es scheint mir wirklich die Teutschen zu entehren, die diesen Vorfall für schändliche Verrätherei erklären. Im Grunde hat diese Behauptung gar keinen Sinn.

Die Stadt litt keinen Schaden; es flog nur eine einzige Kugel hinein, welche in dem Hause eines reichen Partikulier ungefähr für 4000 Rgulden Kupferstiche zu Grunde richtete.

Wie dem Verfasser ein hessischer Offizier, der sich mit bei der Einnahme der Stadt befand, versicherte, waren die Kugeln der Franzosen weiß übertüncht, und die Schußwunden sehr schwer zu heilen.

Die Franzosen verloren dabei einige hundert an Todten, und 1158, worunter sich 68 Offiziere und 190 Verwundete befanden, wurden gefangen genommen.

Um sich nun bei dem Nationalkonvent zu entschuldigen, hatte Cüstine die Unverschämtheit, folgenden Brief am 7ten December an denselben zu schreiben:

„Mitbürger und Präsident! Ich darf dem
„Nationalkonvent die ausnehmende Verräthe-
„rei nicht verhehlen, wodurch die Einnahme
„von Frankfurt und der Meuchelmord unsrer
„Waffenbrüder veranlaßt worden ist. Drey

"hundert von ihnen sind von den Messern der
"Meuchelmörder gefallen. Ich schicke dem
"Konvent hier eines von den Messern ꝛc.

Dieser Beschuldigung wurde von französischen Offizieren selbst nicht nur öffentlich widersprochen, sondern sie versicherten auch, daß sie sich durch das gute Betragen des Magistrats zu dem lautesten Danke verbunden fühlten.

Als die Nachricht von diesem Siege dem Landgrafen von Hessen-Cassel überbracht wurde, sagte er mit Thränen in den Augen die goldnen Worte: "ich weiß lange schon, daß "meine braven Hessen die tapfersten sind, wollte "Gott, sie wären auch die glüklichsten!

Auch der König von Preußen war sehr mit der Tapferkeit der Hessen zufrieden, und bewies dieß auch dadurch, daß er beschloß, den sämmtlichen bei der Einnahme von Frankfurt gebliebenen Hessen ein Monument errichten zu lassen, welches nach dem entworfenen Modell

des geschikten geheimen Oberhofbauraths Lang-
hans aus Berlin verfertigt wird.

Auf der einen Seite dieser tronkirten Säule
soll die Inschrift stehen:

„Den tapferen biederen Hessen, die hier
„für das Vaterland siegend fielen."

Auf der andern Seite eben dieselbe Inschrift in lateinischer Sprache.

Auf der dritten die Namen der gebliebenen
Offiziere; und auf der vierten die Disposition
der Attaque des Herzogs von Braunschweig.
Das Piedestal wird mit Trophäen geziert.

17.

Adam Philipp Custine.

Schon verschiedene Male habe ich von Custine
sprechen müssen, weil er keine ganz unwichtige
Rolle bei den Begebenheiten, die ich erzählte,
gespielt hat. Nun widme ich seinem Andenken eine ganze Nummer.

Er war der Sohn des Marschalls Cüstiné, der in der Schlacht bei Roßbach 1757 verwundet und nach Leipzig gebracht wurde, wo er die Ehre hätte von Friedrich dem Zweiten besucht zu werden. Er diente damals unter seinem Vater als Adjutant.

Vor dem amerikanischen Kriege hielt er sich am Hofe zu Paris auf, wo er sich sehr glücklich schäzte, seiner Königin die Hand küssen zu dürfen. Er hatte auch ziemliche Summen vom Hofe gezogen.. Doch muß ich zu seiner Ehre sagen, daß ihm auch die Nachricht von dem Tode Ludwigs wehe that. „Nun, rief „er dabei aus, ist es um uns geschehen! dieß „war nicht meine Meinung, man hätte Lud„wig Kapet als Geißel aufbewahren sollen."

Im amerikanischen Krieg, den er mitmachte, beleidigte er einen seiner Offiziere. Er wurde von ihm gefordert, und erschien nicht. Sein Gegner wurde darüber aufgebracht, warf ihn vor der Fronte zu Boden und trat ihn mit Füßen. Er wurde natürlich sogleich arretirt, und der Vorfall dem Könige nach Paris berichtet. Cüstine wurde abgesezt, und der Offizier, der ihn gemißhandelt hatte, begnadigt. Allein diesem kam dieses Urtheil nicht mehr zu Gute; denn er hatte sich, weil er die Begnadigung nicht wohl vermuthen konnte, sondern vielmehr mit Wahrscheinlichkeit befürchten mußte, arquebusirt zu werden, selbst bereits erschossen. Cüstine hingegen verlebte seine übrigen Tage, bis er beim Ausbruch der Revolution wieder zum Vorschein kam, in Ruhe auf seinen ansehnlichen Gütern in Lothringen, und genoß daselbst außerdem noch einer guten Pension.

Als General betrachtet, hatte er mehr Glük als Verstand; auch stimmte die inkonsequente Art seines Betragens nach seinem geräuschvollen Eintritt in Teutschland bald die hohe Idee herab, die man sich von ihm auch vielleicht deßwegen gemacht hatte, weil man ihn anfangs mit seinem Vater verwechselte.

Es fehlte ihm an männlichem Charakter; er war übermüthig im Glük, und feig im Unglük, auch nicht nüchtern genug, sondern ein Tollkopf, sobald der Wein, den er sehr liebte, seine Nerven in Schwung gesezt hatte. In diesem Zustande war er auch wohl fähig, wenn es gerade einschlug, mehr zu thun, als man gewöhnlich von ihm erwarten konnte.

Bald nach der Übergabe von Mainz fieng man in Paris an mit ihm sehr unzufrieden zu werden. Er wurde nach Paris gerufen, und erschien. Ein deutlicher Beweis, daß er eben kein sehr schlimmer Mensch, aber ein sehr eingeschränkter Kopf war. Man legte ihm verschiedenes zur Last, worüber er sich nun rechtfertigen sollte. Erstens die Übergabe von Frankfurt; dann den Verlust von Mainz; drittens, daß er zu Worms einen Hauptmann und etliche Gemeine wegen Plünderung hätte erschießen lassen; und endlich, daß er der Hinrichtung Ludwigs nicht seinen vollen Beifall gezollt habe. Ein Hauptgrund des Misvergnügens, den man aber im Petto behielt, mochte wohl in seinem großen Vermögen liegen.

Da nun, unter diesen Umständen, seine Rechtfertigung nicht sehr befriedigend ausfallen konnte; so wurde er am 27sten August 1793 vor dem Revolutionstribunal zum Tode verurtheilt und — sein Vermögen für konfiszirt erklärt.

Sein Betragen von der Zeit seines Todesurtheils an bis zur Vollstrekkung desselben, scheint mir charakteristisch.

Als er ins Gefängniß zurükkam, warf er sich auf die Knie, und blieb zwo Stunden in dieser religiösen Stellung. Seine erste Sorge war, einen Beichtvater zu fordern, mit dem er die Nacht zubrachte.

Am 28sten August früh um zehn Uhr bestieg er den Wagen, der ihn zur Guillotine führte. Ihm zur Seite saß ein Priester, der ein Christusbild in der Hand hielt. Cüstine umarmte dasselbe mehrmals, und las von Zeit zu Zeit einige Stellen in zwei religiösen Bühern, die neben ihm lagen. Mitunter betrachtete er auch bescheiden, allein wie es schien, mit Kummer die unabsehliche Menge von Menschen, die aus allen Kräften seiner Hinrichtung Beifall zuriefen, mit den Worten: Es lebe die Guillotine! nieder mit Cüstine!

18.
Lükkenbüßer.

Es wäre etwas sehr leichtes, nun mit einem Sprunge mit meinen Lesern in Riga zu seyn. In der Rede aber und im Schreiben sind die größten Sprünge nicht selten die schlechtesten. Auch würde es mir sehr schwer werden, mich von meinem lieben Teutschland zu trennen, ohne vor meiner Trennung gleichsam an der Grenze noch stille zu halten, und noch einmal zu erwägen, was ich hier zu verlieren und dort zu erwarten habe.

Einige Tage nämlich nach der Wiedereroberung von Mainz, verließ ich Frankfurt am Main, mit der Absicht in Rußland Civildienste zu suchen, um sowohl den Charakter des Himmels und der Erde, als auch die politische Verfassung dieses Reichs kennen zu lernen, was mir in manchem Betracht von Jugend auf so merkwürdig schien. Freilich dachte ich in der Postkutsche ungefähr das, was Pompejus zu seiner Frau in der Barke sagte, die ihn, als er vor Cäsarn floh, an den Hof des ägyptischen Königs bringen sollte; „wisse, meine „Liebe, der freie Mann, der seinen Fuß auf „das Land eines Despoten sezt, wird ein „Sklav!" Aber auf der andern Seite zeigte sich Rußland unter Catharine der Zweiten, dieser nordischen Pallas, in meiner Einbildungskraft gleichsam wie eine Gegend, in der man mitten im Winter durch künstliche Kornfelder und Obstalleen lustwandeln könnte. Gleichwohl vermochte ich auch einen dritten Gedanken nicht aus meiner Seele zu verbrängen; nehmlich den, daß das, was in Teutschland Natur ist, in der Moskowiterei doch nur Kunst wäre, bei der es sehr viel auf die Willkühr und die Launen des Künstlers ankäme.

Teutschlands Vorzüge vor Rußland und vor tausend andern Ländern sind entschieden, und ich glaube bei dieser Behauptung die Physiker, Politiker und Statistiker sammt und sonders auf meiner Seite zu haben. Es fehlte nichts, als daß die einzelnen Staaten, aus denen es besteht, wie ehemals, unter einem Besitzer vereinigt wären: so würde es mächtiger als Frankreich, seine Hauptstadt an Umfange größer als Paris, und an Gold reicher als London seyn. Ob aber auch die Teutschen dann glücklicher wären? das ist eine andere Frage.

Eine richtige Definition von der teutschen Regierungsform ist darum schwer, weil Teutschland weder eine reine Monarchie, noch eine Aristokratie, noch eine Demokratie, noch ein reines conföderirtes Staatensystem ist, wie es z. B. Amerika und die Niederlande sind. Gewöhnlich nennt man Teutschland eine höchst eingeschränkte Monarchie. Dieser Begriff ist aber auch ein höchst magrer und vager Begriff, der nur für den einigermaßen befriedigend seyn kann, der die teutsche Verfassung in allen ihren Theilen bereits kennen gelernt hat, der also die Sache weiß, und nur noch um den Namen verlegen ist. Und wirklich verdient die teutsche Verfassung mehr, als bis jezt von Ausländern zu geschehen pflegt, studiert zu werden, weil es dann gewiß leicht wird, sich auch in andern Staatsverfassungen einzustudieren, wenn man mit der teutschen glücklich fertig geworden ist.

Von Gemeingeist finden sich in Teutschland nur höchst schwache Spuren. Der Brandenburger, der Holsteiner, der Hannoveraner, der Österreicher haben alle ein sehr getrenntes Interesse, und erinnern sich des Jahrs vielleicht kaum ein paar Mal, daß sie Teutsche sind, und jener nennt sich viel lieber einen Preußen, der andere einen Dänen, der dritte einen Engländer und der vierte einen Österreicher. Aus diesem Mangel eines gemeinschaftlichen zu Thaten belebenden Geistes allein läßt sich, wie ich glaube, genugsam erklären, warum die Reichsarmee ein so kraftloses, paralytisches Heer ist, und warum sie es auch stets bleiben wird. Genug! daß sich Teutschland noch beinahe auf den alten Fuß sein gemeinschaftliches Oberhaupt in Frankfurt wählt, und gemeinschaftliche Obertribunäle in Wien, Regensburg und Wetzlar hat, wo zwar die Processe einen schulgerechten, das heißt, einen kostbaren und schwerfälligen Gang nehmen, wo aber doch auch mancher Fürst der zwoten und dritten Größe zuweilen mit Nachdruk zur Beobachtung seiner landesväterlichen Pflichten angewiesen wird. Denn sintemal es mit dem pouvoir exécutif des teutschen Reichs eine gar schlechte Beschaffenheit hat, so kommt es lediglich auf den guten Willen der mächtigern Fürsten Teutschlands an, ob sie dem teutschen Reich, dem sie, wie Söhne ihrer Mutter, über

den Kopf gewachsen sind, noch Gehorsam lei=
sten wollen oder nicht. Und demnach möchte
man freilich mit dem Dichter ausrufen:

 das liebe heil'ge römsche Reich
 wie hängt's noch so zusammen!

       Göthe im Faust.

 Teutschland würde sogar sehr in Noth seyn,
ein neues Oberhaupt zu bekommen, wenn es
einmal, was freilich nicht zu vermuthen ist,
einem Erzherzoge von Österreich einfallen sollte,
die Kaiserwürde zu verbitten, weil ausser der
Ehre, dem Range nach der erste Monarch in
der Christenheit zu seyn, wenig reelle Vortheile
und viele Kosten mit dieser erhabenen Würde
verbunden sind. Denn von was für Belang
können ungefähr 12,000 Agulden jährliche
Einkünfte für einen römischen Kaiser seyn?

 Dieß alles aber kann Teutschlands Glük
nicht stören. Das Clima ist vortreflich, die
Natur ergiebig, die Menschen sind betriebsam,
und von Charakter ernst, geduldig, standhaft
und zur Subordination geneigt. Die Wissen=

schaften ſind beinahe bis zum Luxus geſtiegen, die Künſte blühen, und der gute Geſchmak verbreitet ſich täglich weiter. Wenn die Reiche rings umher bereits ihrem Verfalle nahe ſeyn werden, wird Teutſchland erſt anfangen ſein Glük ganz zu fühlen und zu genießen. Denn die teutſche Verfaſſung hat das Gute, daß ſie weit weniger der Veränderlichkeit und Verderbniß ausgeſezt iſt, als die Verfaſſung irgend eines andern europäiſchen Staates. Die Wachſamkeit über die Reichsgrundgeſeze wird durch das Verhältniß, in welchem ſich die evangeliſchen und katholiſchen, die geiſtlichen und weltlichen Fürſten, Grafen und Reichsſtädte gegen einander befinden, ſtets thätig erhalten. Jeder Staat hat ſeine eigene gerade für ihn paſſende Verfaſſung; jeder Regent ſucht ſein Land beſonders in Aufnahme zu bringen. Dadurch entſteht eine für den Unterthanen wohlthätige Nacheiferung; da jeder Regent, ſo gut wie Colbert, weiß, daß die Kuh die beſte Milch giebt, die das beſte Futter erhält.

Der Geist der jungen Fürsten wird frühzeitig gebildet, und sie schämen sich sogar, nicht von allem zu wissen. Die Kriegskunst, die sie fast alle erlernen, ist eine Wissenschaft geworden, die viele Hülfswissenschaften erfordert, durch deren Cultur ihr Verstand zum Nachdenken gewöhnt wird. Ja, man möchte beinahe sagen, daß sie die Künste des Friedens, ohne daß sie es sich selbst recht bewußt sind, durch die Künste des Kriegs lernen. Leztere sind der Aufzug, erstere der Einschlag.

Ferner ist das Studium der Staatswirthschaft die Lieblingsbeschäftigung aller teutschen Fürsten geworden. Überall denkt man darauf, den überflüssigen Luxus abzuschaffen, ohne in das für den Staat eben so nachtheilige Extrem, in die Filzigkeit zu verfallen. Der Länder, wo der Unterthan ohne Noth gedrükt und mit Abgaben beschwert wird, gibt es in Teutschland nur wenige; hingegen gibt es derer viele, wo man sich bemüht, den Unterthan auf alle nur mögliche Art zu schonen, und gerade die Art von Abgaben zu finden, die für den gemeinen Mann am wenigsten drükkend sind. Im Herzogthum Braunschweig und in den beiden Fürstenthümern Anspach und Baireuth hatte man vor einigen Jahren den Fall, daß den Unterthanen von freien Stükken Abgaben erlassen wurden, nachdem man sie durch weise Ökonomie unnöthig gemacht hatte.

Schon dieses gemeinschaftliche Bestreben der teutschen Fürsten, in ihren Ländern eine vernünftige Staatswirthschaft einzuführen, worin der Brandenburgische Hof den Ton angegeben hat, muß jedem in voraus von Teutschland eine gute Meinung einflößen; denn gute Wirthschaft ist ein so wesentlicher Punkt im menschlichen Leben, daß ohne sie weder ein Staat noch eine einzelne Familie sich erhalten kann.

Wenn man dieses annimmt, kann man wohl noch zweifeln, ob die Aufklärung oder die schlechte Ökonomie mehr zur französischen Revolution beigetragen habe? nun, so muß man auch daran zweifeln, ob es wahr sey, daß, um dem Hof Geld zu verschaffen, die Ämter feil geboten, und die Unterthanen den Bedrükkungen der Pächter preiß gegeben wurden; daß man Abgaben auf Abgaben, Auflagen auf Auflagen häufte, und daß man unbesonnen genug war, gerade die drükkendsten zu wählen; um gleichsam geflissentlich die Gutmüthigkeit der Nation zu empören. Das Salz, davon jeder Unterthan funfzehn Pfund nehmen mußte, und welches jeder um einen Sous hätte bekommen können, wurde dem Volke für sechs bis acht Sous aufgedrungen, und folglich dadurch an Werth ums fünfund achtfache erhöht.

19.

Vom teutschen Adel.

Den teutschen Adel darf man nicht vergessen, wenn man vom Zustande Teutschlands spricht, indem derselbe auf's Ganze schon darum einen beträchtlichen Einfluß hat, weil er überall die ersten Posten behauptet, und gleichsam am Ruder des Staates sizt.

Daß es in dieser Kaste nicht auch viele geben sollte, die der öffentlichen Achtung, welche zu fordern sie sich durch ihren Stand berechtigt glauben, unwerth sind, läßt sich nicht anders erwarten. Aber zur Ehre Teutschlands und des teutschen Adels sey es gesagt, der bessern und vortreflichen Männer unter'm Adel gibt es gleichfalls viele, denen Teutschland wegen ihres wohlthätigen Einflusses auf die Verwaltung des Staats und wegen ihres edeln und patriotischen Betragens den wärmsten Dank schuldig ist. Man muß, zumal wenn man in unsern Zeiten vom Adel spricht oder schreibt, nur ohne Vorurtheile prüfen, und ohne Leidenschaften urtheilen. Wenn ich mir dieses nicht zu thun getraute, so müßte ich mich selbst für keinen freigebornen Menschen halten.

Es ist sehr natürlich, daß der Adel unsrer Zeit weit anders von sich und von dem Verhältniß denkt, in welchem er mit dem Bürgerstand steht, als der Adel vormaliger Zeit, vielleicht noch vor funfzig Jahren, davon dachte. Hätte es noch eine Weile gedauert, so würde sich — die Vermuthung ist kühn! — auch der Adel in Frankreich von selbst geändert haben, und die Revolution würde unterblieben seyn. Die adelichen Kinder bekommen meistentheils jezt eine so gute Erziehung als die Kinder der Bürgerlichen, das heißt, eine Erziehung, die den Bedürfnissen des Zeitalters angemessen, und die sie nicht zu eingebildeten Thoren, sondern zu bessern Menschen macht; sie lernen frühzeitig den Adel, den sie durch die Geburt erhalten, für einen zufälligen Vor-

theil, aber nicht für ein angeerbtes Verdienst
halten; nam genus et proavos et quae non
fecimus ipsi, vix ea noſtra voco; die Wiſſ-
ſenſchaften, in denen ſie mit den Bürgerlichen
wetteifern, bereichern ihren Verſtand, verfei-
nern ihre Sitten und verbreiten unter ihnen
den Geſchmak am Guten und Schönen, und
ſo verwandelt ſich der auf Unwiſſenheit ge-
gründete, und ſonſt ſo verſchriene Adelſtolz *)
in erlaubte Schätzung ihres Standes und in
vernünftige Würdigung der übrigen Stände.

Als man im Anfang der franzöſiſchen Revolution noch über die Vorzüge des Adels vor
dem dritten Stand ſehr ernſtlich ſtritt, trat in
einer Verſammlung in Rouen ein beredter Vertheidiger des Adels auf, erzählte die tapfern

*) Der indoſtaniſche Rava, der erworbene und
errungene Menſchenwürde gegen den Beſiz von
ſechzehn Ahnen für Quark hält, nennt den
Mann vom Volke, ohne Unterſchied, Pavias,
d. h. infamer Kerl. Der Adeliche von Otahiti
iſt etwas andbiger und nennt ihn Tata-einou
d. h. Lumpenhund.

kriegerischen Thaten der Helden von hoher Geburt, welche in den Kriegen fürs Vaterland fielen; sehr umständlich, und gründete die Vorrechte seines Standes vorzüglich auf das für den Staat so reichlich vergossene Blut adelicher Helden. Da er seine lange Rede, welche viel Eindruk machte, geendigt hatte, entstand ein allgemeines Schweigen, und man fürchtete schon, daß der Bürgerstand seine Sache aufgäbe, als einer mit sehr bescheidener furchtsamer Miene aufstand, und um Erlaubniß bat, der Versammlung, zur Beantwortung jener Rede, eine Frage vorzulegen. War denn, sagte er, was Millionen Soldaten in den Kriegen, worin einige tausend Edelleute umkamen, vergossen haben, Wasser? Es erfolgte ein zweites noch allgemeineres Stillschweigen.

Man würde dem teutschen Adel sehr unrecht thun, wenn man ihn mit dem ci-devant französischen, von dem er sich so sehr unterscheidet, in eine Klasse setzen, und alles was man von jenem sagt, auch auf diesen anwenden wollte; denn erstens ist die teutsche Verfassung himmelweit von der vormaligen Französischen unterschieden; Frankreich war in den letzten Zeiten Despoten unterworfen; Teutschland ist in mehrere hundert Staaten und Länder getheilt, deren Regenten theils nicht allzusehr despotisiren können, theils auch nicht wollen. Da der Despotismus seiner Natur nach von oben herabkommt, und nicht seinen Gang von unten hinauf nimmt, so kann der Adel in Teutschland, wenn er auch wollte, nicht so despotisch werden, als er in Frankreich gewesen ist. Zweitens, ist der Adel in Teutschland, wenn gleich nicht minder zahlreich, doch nicht im Besitz so vielen Grundeigenthums, als der ehemalige französische Adel, der ungefähr den hundertsten Theil der Nation ausmachte, und gleichwohl den fünften Theil alles Grundeigenthums an sich gerissen hatte. Drittens, der teutsche Adel ist nicht so verschwenderisch wie der französische, folglich auch nicht so drükkend. Viertens, in Teutschland genießt der Adel in manchen Stükken weniger Vorrechte vor den Bürgerlichen als der Adel in Frankreich genoß. Im Jahr 1781 wurde z. B. von Ludwig dem Sechzehnten die Verordnung gemacht, daß jeder Nicht-Adeliger von allen Offizierstellen bei der Armee ausgeschlossen seyn sollte. Eine Verordnung, durch die der gute Ludwig zwei Staatsfehler auf einmal begieng; denn erstens ist diese Verordnung entehrend für die Nation, zweitens ist sie auch unverträglich mit der monarchischen Regierungsform, die dadurch offenbar eine gewisse Neigung zur Aristokratie bekam. Ludwig hat hart dafür gebüßt! — In Teutschland hingegen gibt es bei der preußischen und österreichischen Armee nichtadelige Offiziere genug, und unsre teutschen Regenten denken in diesem Punkte wie Karl der Zwölfte: „Alter und neuer Adel „thut nichts dazu, daß einer besser ist, als der „andere. Wir haben viele Regimentsoffiziere, die keine Edelleute, und doch brave Leute sind."

In unsern Zeiten fehlt es sogar nicht an Beispielen, daß auch Bürgerliche zu den höchsten Civilbedienungen im Staate gelangt sind, *) und nimmt man gewisse Präbenden und Stifter aus, bei denen es blos auf die gehörige Anzahl Ahnen ankommt, um würdig befunden zu werden zu denselben und in dieselben zu

*) S. Ueber den teutschen Adel vom Herrn von Renim, Berlin bei Oemigke 1792. 8. 2te Aufl. Ebend. 1792. 8. (3gr.). Hier heißt es: „Das „Geschik eines Adeligen zu den höchsten „Staatsstellen braucht nicht glänzend zu seyn, „sondern muß gerade hinreichen; die „Verdienste des Bürgerlichen hingegen müssen „schon sehr hervorstechend seyn, um den „Fürsten zu entschuldigen, der, durch Vergebung einer Staatsstelle an Bürgerliche, „in das Eigenthum des Adels greift, so „wie der Fürst sehr lobenswürdig ist, der „nie ohne dringende Ursache sie dem Adel entzieht. „Man sieht mit Wehmuth, daß der Adel größtentheils vergessen hat, daß er es eigentlich „ist, der den Staat ausmacht, und daß er „der geborne Vormund der ungebildeten Klasse ist, daß er es ist, der zwischen Regenten und Volk steht, um dieses „in Ruhe, und jenen in den Schranken der Billigkeit zu erhalten."

gelangen, so wird es demjenigen, der blos durch die Geburt und nicht auch durch Verdienste und Vermögen geadelt, das heißt, ausgezeichnet ist, immer schwer genug werden, sich in unsern Tagen in irgend einem Staate vor dem Bürgerlichen, der Verdienste oder Vermögen besitzt, geltend zu machen. Endlich fünftens ist in Teutschland durch den neuen Adel, der im 16ten Jahrhundert größtentheils aus glücklichen Kaufleuten und Fabrikanten creirt wurde, die Idee eines Verdienstadels einigermaßen realisirt worden. Man kann daher behaupten, daß in Teutschland der Geburts= adel allein, ohne in Verbindung mit dem Verdienst= und Geldadel, wenig erhebliche Vor= züge vor dem Bürgerstand genießt.

Da man überdieß in Teutschland, so weit die Geschichte reicht, immer eine Art von Adel findet, wenn gleich noch nicht so ausgebildet und systematisirt, wie es der heutige ist, so scheint es auch, daß weder die etwas anstößige Idee eines erblichen Adels der teutschen Den=

tungsart, noch die Erblichkeit des Adels selbst der teutschen Verfassung zuwider ist. Ich vermuthe daher, daß, wenn man dennoch über den heutigen Adel klagt, dieses nicht aus einer Abneigung gegen den Adelstand überhaupt herrührt, sondern blos theils aus dem Misvergnügen über seine hie und da zur Ungebühr ausgedehnten Prärogativen, theils aus einer, durch das unfeine und unkluge Betragen einiger ungebildetern Edelleute, persönlich beleidigten Empfindung des jedesmaligen Klägers.

Würden die Adeligen auf die Steuerfreiheit ihrer Güter resigniren, und sich zum Gesetz machen, mit den Bürgerlichen, mit denen sie gleichen Schutz genießen, auch gleiche Lasten zu tragen; würden sie dem Bürgerstand, von dem sie so viele Ehre genießen, auch ihrer Seits mit der ihm gebührenden Achtung begegnen: so könnte gewiß kein Adel in der Welt auf die Dauer und den Glanz seiner Familien sicherer rechnen, als der teutsche.

Heinrich der Vierte pflegte das Knüttelverschen im Munde zu führen:

> la main au bonnet
> ne coute rien et bon est

und war König!

Der Adel würde daher, nach meiner geringen Einsicht, ein Meisterstük der Politik liefern, wenn er sich dahin unter sich einigte, seine Prärogativen nicht mehr zu erweitern; ja! wenn er freiwillig auf einige derselben Verzicht thäte, von denen vorauszusehen ist, daß sie ein fortwährendes Ärgerniß für den Bürgerstand bleiben werden. Dieser Schritt wäre nicht nur klug, sondern auch edel. Sehr oft verliert man am Ende nur darum alles, weil man alles haben, oder weil man gar nichts verlieren wollte.

Überhaupt kann man annehmen, daß die Nation, deren einer Theil sich zu viel vergibt, und deren andrer Theil sich zu viel anmaßt, schon auf einem merklichen Grade des Sittenverderbnisses steht, welches für den Patrioten keine angenehme Wahrnehmung ist. Denn das Gleichgewicht der politischen Kräfte ist zur Gesundheit des Staats eben so nöthig, als das Gleichgewicht der physischen Kräfte zur Gesundheit des Körpers.

Welcher Triumph für die Menschheit, wenn mein Vorschlag eine Weissagung wäre! Ich verweile gern bei der Idee, wenn es auch nichts als eine Idee seyn sollte, daß einst noch eine Zeit kommen könnte, wo das, was man bisher durch Pulver und Blei zu erzwingen suchte, die natürliche Wirkung der Weisheit und Gerechtigkeit seyn wird, und daß die französische Revolution vielleicht das lezte Blutbad unsers gesitteten Welttheils seyn dürfte. Wie weit würde die französische Nation im Hintergrunde bleiben, wenn eine andere z. B. die Englische, (denn an England scheint die Reihe zu seyn) sich einmüthig entschlösse, alle Beschwerden und Mängel abzustellen, um die Regierungsform wieder auf ihre ursprüngliche Reinheit zurükzuführen, durch welche dieser

Staat der möglichst glücklichste in der Welt seyn könnte. Dann könnte man mit vollem Rechte Feste der gesunden Vernunft feiern, zu denen die Franzosen kaum halb berechtiget sind.

Denn ungeachtet die wohlthätigen Folgen der französischen Revolution nicht ganz abzusprechen sind, da es selten ein Übel gibt, was, nach der weisen Einrichtung der Welt, nicht auch sein Gutes enthielt: so verhindert doch der böse Beherrscher des Zeitlaufs die gegenwärtige Generation Vortheil daraus zu ziehen. Ja, man kann sagen, daß die Kur eben so hart, wie die Krankheit, wo nicht noch härter ist, wenn es nämlich den Neufranken nicht gelingt, gänzlich von ihrem Übel zu genesen. Sey es auch, daß ihnen der Adel geschadet hat, so ist nunmehr von den vielen Ausgewanderten und Hingerichteten auf der andern Seite für Frankreich auch kein Nutzen mehr zu erwarten. Der Krieg, und endigte er sich noch so siegreich, himmt ihnen unzählige Menschen weg, deren Arme dem Akerbau, den Gewerken, Fabriken und Manufakturen offenbar entzogen werden; die inneren Zwistigkeiten raffen noch täglich Leute weg, die neben vortreflichen Eigenschaften, blos das Unglük haben, andrer Meinung zu seyn, und andere Grundsäze zu hegen, als die herrschende oder despotisirende Partei ihrem eigenen Interesse gemäß dulden kann; der größte Theil der Nation gewöhnt sich durch die Anarchie und den Krieg zu einer gewissen Liederlichkeit, und so viel die eingezogenen Domänen und adeligen Güter auch beitragen mögen, so werden sie doch auf keinen Fall zum Unterhalt der Müßiggänger angewandt werden können, die sich nach dem Frieden in zahlreicher Menge einfinden werden. Und wenn die neufränkischen Armeen noch die halbe Welt eroberten, so würden doch die einzelnen Bürger Frankreichs nichts dadurch gewinnen, da überhaupt das Glük und der Wohlstand der Bürger durch Eroberungen wei der befördert noch begründet zu werden pflegen.

Die neue vortrefliche Verfassung endlich, die Frankreich erhalten soll, und auf die die Erwartung von ganz Europa so sehr gespannt ist, wird wahrlich nicht die Schöpfung siebenhundert Deputirter seyn, gesezt, daß sie auch den besten Willen hätten, sondern sie wird wie gewöhnlich durch die Zeit zur möglichen Vollkommenheit reifen müssen; indem es die menschlichen Kräfte übersteigt, auf einmal in einem so großen Staate, wie Frankreich ist, alles so zu ordnen, daß wenigstens der größte Theil der Staatsbürger mit den neuen Anordnungen zufrieden ist und sich in seinem Interesse nicht gekränkt fühlt.

Alle diese Betrachtungen, glaube ich, verdienen beherziget und oft wiederholt zu werden; theils um die Felsen bekannter zu machen, an welchen, wenn ich die Staaten mit Schiffen vergleichen darf, sowohl kleine Schiffchen, als die größten Linienschiffe zu scheitern pflegen, *) theils um allgemein die Überzeugung zu bewirken, daß Revolutionen das größte Unglük sind, das Staaten betreffen kann. Sie nehmen sich nur, wie alles Colossalische, in der Entfernung besser aus als in der Nähe.

Unter dem teutschen Adel zeichnet sich besonders die unmittelbare Reichsritterschaft aus, das heißt, derjenige Adel, der von der Bothmäßigkeit des Landesherrn, in dessen Bezirk er wohnt, befreit ist, und unmittelbar unter dem Kaiser steht. Er entstand am Ende des zwölften Jahrhunderts nach Ausgang der fränkischen und schwäbischen Herzoge. **) Allein seine noch jezt fortdauernde Verfassung erhielt er erst im sechzehnten Jahrhundert.

---

*) Il faut chercher les écueils pour les eviter.

**) S. Reinh. von Gemmingen Discursus, woher dem Reichsadel der freien Ritterkreise ihre Reichsfreiheit und Immedietät herkomme, in Burgermeisters Bibliotheca equestri T. I, No. III.

Wenn man der Ritterschaft die Landes-
hoheit streitig macht, so ist das höchstens
blos ein Wortstreit, denn die Reichsritter haben über ihre Unterthanen als Landesherrn zu
gebieten und sorgen für sie als Landesväter, so
gut als dieses Grafen thun können. Die
Reichsstandschaft aber fehlt ihnen, wobei sie nicht viel verlieren, ungeachtet es ihnen
doch noch 1687 sehr darum zu thun schien.
Kann doch selbst ein einzelner Graf sich nur
etwa ein Zehntausendtheilchen von den Resul-
taten der gemeinschaftlichen Beschlüsse der drei
Reichscollegien auf dem Reichstage zu Regensburg anmaßen. Indessen genießt die Reichsritterschaft nicht nur in Religions- und Kir-
chensachen, sondern auch in weltlichen Dingen,
der Regel nach, gleiche Rechte mit den Reichsständen, und folglich Rechte, welche der Adel
in keinem europäischen Staate aufzuweisen
hat. Noch 1769 im Februar wurde durch
die königlichen französischen Lettres patentes
die gesammte Reichsritterschaft von dem

Droit d'Aubaine befreit; auch sind viele Verträge vorhanden, die sie mit andern Reichsständen geschlossen hat.

In Teutschland kommt noch ein Adel zum Vorschein, der hier einer Erwähnung verdient, ich meine das Patriciat in Reichsstädten. Es entstand im zehnten Jahrhundert, als Kaiser Heinrich der Erste immer den neunten freien Mann aus jedem Dorf aushob, um mit dieser Elite seine neuangelegten Städte zu besetzen. Sie wurden Patres civitatis, d. h. Väter der Stadt genannt, so wie ihre Familien, aus denen auch in der Folge der Stadtmagistrat gewählt werden mußte, G e s c h l e c h t e r genannt wurden. An sich ist das Patriciat kein geringerer Adel als der, der andern altadeligen Familien. Es kommt dabei lediglich auf die Ahnenprobe an. Ob sie aber das auch wirklich sind, was sie seyn sollten, nämlich V ä t e r der Stadt, kann man sehr genau jedesmal aus dem Zustand der Stadt sehen, die ihnen ihr Wohl anvertraut hat. Aber

darauf, sobald es mit der Ahnenprobe seine
Richtigkeit hat, kommt es natürlich nicht
sehr an.

20.

Umsonst sieht die Vernunft des Glaubens
Irrthum ein,
Sobald ein Priester spricht, muß Irrthum
Wahrheit seyn.

———

Teutschland gehörte noch vor dreihundert
Jahren zur Hälfte dem Papst, dessen gehor=
samer Sohn zu heißen die teutschen Kaiser bis
auf Joseph den Zweiten für keine geringe Ehre
hielten. Von Rom aus bekam Teutschland
seine Rechte, seine Religion, seine Erziehung,
seine Regenten, seine Vergebung der Sünden,
und die Irrthümer, von denen es sich zum
Theil noch nicht losgemacht hat. Nach der
Fischer Weise suchten die Nachfolger Petrus

des Fischers alles zu unterst zu oberst zu kehren, und den Verstand der Teutschen in Dummheit gefangen zu halten, um im Trüben fischen zu können. Es gelang ihnen über alle Maßen, ihre Schatzkammer wurde bereichert und Rom war zu seiner Zeit der splendideste und luxuriöseste Hof in der Welt *). Teutschland mußte aber endlich in sich gehen, wie es seine Baarschaften auf die unverschämteste Art durch den Ablaßkram eintreiben und nach Rom wandern sah. Luther kam, das Bedürfniß der Zeit unterstüzte ihn in seinen Unternehmungen, und sein unbezwinglicher Muth siegte. Teutschland kann sich aber nicht von Autoritäten los sagen. An die Stelle der Autorität des Papstes und der Concilienschlüsse, wurden nun von den Protestanten förmlich die Autoritäten Luthers und der symbolischen Bücher gesezt, welche freilich jenen weit vorzuziehen, aber als

*) Papst Leo des Zehnten Denkspruch war: Quantum nobis nostrisque ea de Christo fabula profuerit satis est notum omnibus saeculis.

Autoritäten doch nicht ganz zu billigen sind. Denn warum soll das, was Luthern erlaubt war — hell zu sehen und zu schreiben — nicht auch andern nach ihm erlaubt seyn? Vielleicht sehen sie noch heller als er.

Für Prediger ist es freilich Pflicht, in ihren Kanzelvorträgen dem Lehrbegrif getreu zu bleiben, auf den sie vereidet worden sind, weil die starke Vermuthung da ist, daß die Gemeinde es nicht besser haben wolle, und weil, wenn es jedem Prediger erlaubt wäre, nach seiner eigenen Überzeugung zu lehren, sehr leicht Unordnung daraus erwachsen könnte.

Unterdessen aber muß es jedem andern unbenommen bleiben, dem Geiste des wahren Christenthums nachzuspüren und seine Meinung zur Prüfung andern vorzulegen, wenn er es nur auf eine Art thut, welche die Ehrfurcht verräth, die jeder Schriftsteller dem Publikum und dem Staate schuldig ist.

Christus bewies durch seine Worte und Werke, daß er einen höhern Beruf hatte, der

Lehrer des Menschengeschlechts zu werden. Seine Lehre ist göttlich. Nur Schade! daß die häßlichen Glossen der Ascetiker oder der Andächtler den schönen Text der Bibel so sehr verdorben haben. Man verstand sehr viele Ausdrücke nicht, deren sich die Schrift bedient, übersezte sie falsch, lehrte das Volk nach und nach mit Worten Ideen verbinden, die der heilige Schreiber, wie eine gesunde Exegese zeigen kann, gar nicht damit verbunden wissen wollte. Und gerade so wie mit dem römischen Gesezbuch ging es mit der Bibel; die Vulgata oder schlechte Übersetzung gilt jezt mehr, als der Grundtext.

Der Regent kann zwar den Menschen, die in seinem Staate leben, nicht gebieten, was sie glauben sollen, aber es ist doch wohl gethan, wenn er der Verbreitung der gröbsten Irrthümer unter der Hand entgegen zu arbeiten sucht, um dadurch die christliche Religion selbst vor Verachtung und Fall zu sichern. Wäre Christus Religion in Frankreich nicht mit so viel Wust überladen, und von ihrer Würde so ganz herabgesunken gewesen, so würde sie in unsern Tagen nicht so äusserst wegwerfend haben behandelt und wahrscheinlich Heinrich der Vierte vor 185 Jahren nicht haben ermordet werden können. Ich schließe also daraus: jemehr die christliche Religion auf ihre ursprüngliche Reinigkeit und Lauterkeit zurükgeführt werden kann, desto sicherer werden die Regenten und die Priester seyn, und so auch umgekehrt. Sagt doch Christus selbst: so ihr bleibet bei meiner Rede, so seyd ihr meine wahren Jünger. *)

Man scheut sich nur immer den Anfang zu machen, theils, weil man einmal als ausgemacht annimmt, halbe Aufklärung schadet, theils weil man fürchtet, der gemeine Mann möchte gar nicht mehr zu bändigen seyn, wenn man ihm z. B. nicht mehr einbilden könnte, daß der Teufel in der Hölle

*) Joh. 8, 31.

ihn ewig für die Verbrechen quälen würde, die er auf Erden begangen hat.

Ich muß gestehen, daß ich mit der Redensart „halbe Aufklärung schadet" nie einen deutlichen Begrif habe verbinden können. Wie kann halbe Aufklärung schaden? muß nicht jeder Mensch erst halb aufgeklärt seyn, ehe er es ganz wird, und ist nicht jeder Schritt, der uns der Wahrheit näher bringt, schon ein Gewinn? und ganz aufgeklärt kann der gemeine Mann nie werden, weil es ihm an Zeit zum Nachdenken gebricht.

Versteht man aber unter halber Aufklärung so viel als vermeinte Aufklärung; ja, dann ist gegen obige Behauptung, daß sie schädlich sey, nicht das mindeste mehr zu erinnern, denn diese besteht, um den Begrif in eine Formel zu bringen, darin, daß einer, der keine Schuhe zu machen gelernt hat, sie doch besser machen zu können glaubt, als ein gelernter Schuster.

Was den zweiten Punkt betrift, so könnte man auch dieser Besorgnisse sehr leicht überhoden seyn, wenn man sich nur erinnern wollte, daß es in denen Ländern die meisten Verbrecher gibt, wo es in den Köpfen am finsterstsen aussieht. Die Strafen, welche die Religion ankündigt, schrekken sicher nicht so sehr von Vergehungen ab, als die Strafen, welche die menschliche Gerechtigkeit mit Weisheit festsezt und mit Standhaftigkeit verhängt, zumal, wenn der Staat sich zu gleicher Zeit angelegen seyn läßt, die Quellen der Verbrechen zu verstopfen, als da sind, Müßiggang, Vorurtheile, Unwissenheit und schlechter Religionsunterricht.

Und ist es denn so schwer, dem gemeinen Mann auf eine ganz natürliche Weise nach den Gesezen der Ursachen und Wirkungen begreiflich zu machen, daß nothwendig jede unserer Handlungen Folgen ins Unendliche haben müsse?

Da der Kreislauf der Dinge durch nichts aufgehalten werden kann, so wird wohl noch die Zeit kommen, wo auch in Ansehung der

Religion das Bedürfniß seyn wird, wovon man noch zur Zeit theils nichts ahndet, theils nichts hören will.

———

Mit diesen und ähnlichen Gedanken beschäftigte ich mich auf und neben der Postkutsche, weil sie oft ganze halbe Tage nicht schneller fuhr, als ich gehen konnte. Von den Städten, die ich von Frankfurt bis Lübek durchreiste, erwähne ich hier nichts, weil ich mich in keiner über etliche Tage aufhalten konnte; und es mir also an Stoff zur eigentlichen Rükerinnerung gebricht. Doch kann ich Göttingen und die Lüneburger Heide, zwei freilich sehr verschiedene Gegenstände, nicht ganz mit Stillschweigen übergehen.

———

21.

Georgia Augusta.

Diese Aufschrift zeigt meinen Lesern schon, daß ich von Göttingen hier blos als Akademie betrachtet spreche; und dieß ist gerade die Seite, von der sich am wenigsten Neues darüber sagen läßt. Aber wer denkt wohl nicht, wenn er Göttingen nennen hört, an die Lehrstühle daselbst eher, als an die dasigen Wollenstühle oder Mettwürste?

Gewöhnlich sagt man, die geistige Nahrung wäre in Göttingen vortreflich, die leibliche Kost schlecht und der Aufenthalt theuer. Es läßt sich wohl nichts erhebliches gegen diese Behauptung einwenden.

Daß der Aufenthalt hier theurer seyn müsse als auf verschiedenen andern Universitäten, kann man schon daraus schließen, weil hier der schwere Münzfuß eingeführt ist, nach welchem die Pistole oder der Friedrichsd'or zu fünf Thaler oder nach Cassengeld zu 4 Thlr. 16 Sgr. gerechnet wird. Man sagt zwar, daß da, wo man schwereres Geld hat, die pretia rerum wohlfeiler wären; ich habe aber die Richtigkeit dieser Behauptung im Ganzen noch durch meine eigene Erfahrung nirgends bestätigt gefunden.

Dann bewirkt aber auch der Zusammenfluß der vielen reichen Leute, die hier des Studirens wegen ihr Geld verzehren, eine gewisse Theurung. Denn wo viel Geld in Umlauf ist, schlagen die Waaren auf.

Drittens machen auch zufällige Dinge den hiesigen Aufenthalt eines Studierenden kostbarer, als er es eigentlich seyn würde. Denn da die jungen reichen Leute ihr Geld und ihre Zeit nicht ganz aufs Studieren wenden können, sondern auch Standesmäßig leben wollen, so gibt der Aufwand, den sie bei Bedienten, Pferden, Wagen, Schmausereien, Kleidungen und Lustparthien zeigen, auch minder

Begüterten Veranlassung, diesen Luxus, so gut es gehen will, mitzumachen.

Ueberhaupt herrscht untern Studenten eine große Propretät in Ansehung der Wäsche und der Kleidung; wer sich hierin vernachläßigte, würde dafür auch selbst von Studenten vernachläßigt werden.

Von Biercommercen und sogenannten Commercehäusern weiß man in Göttingen nichts; auch machen Renomisten hier kein Glük, weil sie sogleich wie sie auftreten die allgemeine Misbilligung gegen sich haben.

Gut wäre es, wenn die Studentenorden unschädlich gemacht werden könnten, die sich hier eingeschlichen haben, weil durch sie Geld und Zeit versplittert wird, und mancher junge Mann durch sie in Händel geräth, die er außer dem Orden würde haben vermeiden können. Zu diesen zuschlagenden Mächten unter den Studenten gehören die Constantisten, Schwarzen und Unitisten, die sich einander nicht das geringste vergeben, und sich nicht schämen; um Jämmerlichkeiten ihr eignes Glük und die Zufriedenheit ihrer Eltern aufs Spiel zu setzen.

Außer diesen dreien, scheint noch ein Orden zu Göttingen zu seyn, der der Harmonisten. Seine Mitglieder unterscheiden sich wirklich von den andern Ordensbrüdern durch ein geseztes eingezogenes Betragen, und durch Vermeidung aller Collision bei Studentenfeierlichkeiten. Wie ich aus einer Rede sah, die in ihrem Tempel gehalten worden ist, sind ihre Grundsätze die der strengen Moral. „Der „Endzwek unsers Ordens, heißt es daselbst un= „ter andern, ist Veredlung des Herzens und „des Verstandes. Dieser Veredlung unsre „besten Kräfte zu weihen, haben wir geschwo= „ren. Es hängt also blos von uns selbst ab; „ob wir unsre Loge zu einem der schönsten In= „stitute der Menschheit erheben wollen, indem „wir strenge nach den Vorschriften des Ordens „handeln; oder ob wir unsre Loge zu einem „mit Hieroglyphen ausstaffirten Gesellschafts

„zimmer herabwürdigen wollen, das sich außer-
„dem von andern Gesellschaftszimmern nur
„dadurch noch auszeichnet, daß man dort mit
„Karten und hier mit Elden spielt."

Die Studierenden werden durchgängig mit
vieler Achtung behandelt, so lange sie sich derselben nicht offenbar unwürdig machen. Der
Ort ist an sich stille und gewährt wenig Zerstreuung, welches auch sehr gut ist; wiewohl
sich in Göttingen mehr Geld befinden würde,
wenn daselbst etwas mehr für das sinnliche Vergnügen der reichen Musensöhne gesorgt wäre,
die oft den größten Theil ihres Wechsels in
Kassel verzehren. Mit 400 Rthlr. jährlich
kann ein junger Mann, der viel studiert und
wenige Bedürfnisse hat, hier mit Anstand leben.
Wenn man sagt, die Göttinger Kost ist schlecht,
so wäre es wohl richtiger ausgedrükt, wenn
man sagte, die gute Kost ist theuer. Denn
man kann den Tisch hier haben, wie man will,
zu zwei Thaler und zu funfzehen Thaler mo-
natlich.

Im Winter ist wöchentlich einmal akademisches Konzert unter der Direction des Herrn Dr. und Musikdirektor Forkel. Dieses Konzert ist so gut, als es nur immer verlangt werden kann, zumal, wenn man bedenkt, daß es wenigstens zur Hälfte aus Liebhabern besteht. Den Tag vorher werden die Stükke, die gegeben werden sollen, so lange probiret, bis der Vortrag derselben grammatikalisch und ästhetisch richtig wird. Ohne diese Vorübung wäre es auch nicht möglich, daß wirklich Stükke von Bedeutung, z. B. Heydnsche Symphonien, der Tod Jesu von Graun, das Alexandersfest von Händel mit so viel Genauigkeit und Delicatesse ausgeführt werden könnten, wie ich sie zuweilen in diesem Konzerte gehört habe. Immer einige Tage vor dem Konzert werden gedrukte Zettel ausgetragen, aus welchen man sieht, was jedesmal gegeben wird. Forkel selbst ist ein vortreflicher Klavierspieler, und auch als Gelehrter ein Mann der Göttingen Ehre macht. Seine Geschichte der

Musik, die noch nicht ganz vollendet ist, enthält herrliche Rescherschen.

Die Bibliothek hat eine musterhafte, ganz zum Vortheil der Studierenden abzweckende Einrichtung. Sie steht täglich einige Stunden offen. Gegen Zurüklassung eines Zettels, worauf, außer dem Titel des Buchs, der Name irgend eines öffentlichen Lehrers, die Wohnung und der Name des Empfängers, und das Datum steht, kann jedes Buch, es müßte denn gerade ein sehr rares Werk seyn, mit nach Haus genommen und 14 Tage behalten werden. Nach Ablauf dieser Zeit, worauf sehr genau gesehen wird, muß man das Buch wieder zurükbringen, und wenn man es noch länger behalten will, den Zettel erneuern lassen. Auf diese Art kann man einen ganzen Korb voll Bücher nach Haus erhalten, und darf sicher darauf rechnen, stets mit der größten Willfährigkeit bedient zu werden.

Man hat mir versichern wollen, daß die Göttinger Professoren zu Hannover des Demokratismus, oder, wer weiß? gar des Jacobbnismus beschuldigt würden. Dieß ist aber wahrscheinlich nur eine boshafte Verleumdung der hannövrischen Regierung, die ihre Professoren zu sehr schätzt, und zu gut kennt, um einen solchen Verdacht gegen sie aufkommen zu lassen. Es wäre lächerlich, hier als ein Vertheidiger dieser Männer auftreten zu wollen, und Kästner könnte mit Recht jedem, der die Schwachheit beging, dieses zu thun, antworten, es wäre noch nicht so weit gekommen, daß die Gänse das Capitolium retten müßten. Aber ich kann doch sagen, wie ichs gefunden habe. Die Professoren, die es mit Rechten und Verbindlichkeiten, mit Regenten und Unterthanen, mit Völkern und Menschenrechten zu thun haben, haben es auch mit der Vernunft und der Wahrheit zu thun. Sie zeigen durchgängig in ihrem Vortrag eine männliche Freimüthigkeit, ohne zu vergessen, daß sie Lehrer der Jugend und hannövrische Unterthanen sind. Sie verrathen eben so wenig die Sache der Wahr-

P.

heit, als das Interesse ihres Königs. Und könnte man sie einer Parteilichkeit beschuldigen, so wäre es einer Parteilichkeit für die Gegner der Neufranken.

Der Tod Leopolds wurde auf allen Cathedern mit Wehklagen und von einem der dasigen Professoren mit Thränen in den Augen angekündigt.

Einer von den Professoren wurde einst gefragt, wahrscheinlich von einem unbärtigen Jüngling (denn welcher überlegende Mann könnte eine solche Frage thun?) — „ob er „der Aristokratie oder der Demokratie gewog-„ner wäre?" und was war die Antwort? j'estime l'aristocratie, j'aime la Democratie.

Eben so wenig kann ich dem Gerüchte beipflichten, daß die Professoren der Theologie in Göttingen ihre Schriften zur Censur nach Hannover einschicken müßten. Man würde sie ja nicht als öffentliche Lehrer anstellen, wenn man sie nicht für mündig genug hielt, sich selbst zu censiren.

Die Anzahl der Studierenden war zu Göttingen nie so stark, wie sie gewöhnlich in Halle, Leipzig und Jena zu seyn pflegt; zur Zeit des funfzigjährigen Jubiläums 1787 beliefen sie sich auf 949. Zahlreicher waren sie vorher niemals.

22.

Lüneburger Heide.

Die Lüneburger Heide ist eine unabsehliche, mit traurigem Heidegras bewachsene Sandwüste, ohne Busch und Baum und ohne die geringste Spur von Anbau. Sie fängt hinter Braunschweig an, wechselt mit gutem Land hie und da ab, erscheint aber eine Tagreise vor Lüneburg ganz so wie ich sie beschrieben habe.

Alle drei oder vier Meilen stößt man auf ein Posthaus, in dessen Nachbarschaft sich noch ein paar Häuser befinden, die aber eine ganz besondere ökonomische Einrichtung haben. Eigentlich sind sie blos große Scheunen, in welchen der Bauer und die Bäuerin, mit ihren Kindern, Knechten und Mägden, Ochsen, Kühen und Eseln, Ziegen, Schafen, Schweinen und Hühnern in friedlicher Eintracht auf einer Diele und unter einem Dache beisammen wohnen. Ihre Unterhaltung ist gewiß äusserst einfach, und der Vorrath ihrer Ideen wahrscheinlich nicht viel größer, vielleicht auch kaum entwikkelter als der ihres Viehs. Abends setzen sie sich um ein Feuer herum, das sie auf dem Boden anzünden; da sitzen und sitzen sie nun mit niedergeschlagenen auf einen Punkt hingehefteten Augen, oder sehen sich mit stierem Blik einander an, ohne etwas zu reden. Zuweilen hört man aus dem Munde des einen oder andern ein paar unvernehmliche Töne hervorgehen; aber dabei bleibts auch, weil von den übrigen keiner etwas dabei zu erinnern findet. Ich hatte das Vergnügen, eine solche Scene über eine Viertel

Stunde beobachten zu können, und wahrscheinlich sieht eine Viertelstunde der andern bei diesen Leuten so ziemlich ähnlich.

Wie sehr, dachte ich im Weggehen bei mir selbst, müßte ein Mensch, der in eine Schweizergegend versezt würde, wenn er auch sonst nichts vor und um sich sehen sollte, als Berg und Thal und die schöne Natur, sich nicht von einem Bauer unterscheiden, der auf dieser dürren und ebenen Heide aufwächst, wo keine Quellen den Boden erfrischen, wo kein Vogel die Luft durchstreicht, wo keine Flur das Auge ergezt, wo gleichsam die ganze Natur todt und erstorben ist!

An einigen Orten dieser Heide, durch die aber mich der Weg nicht führte, wächst eine ganz ausserordentliche Menge Heidelbeere (Vaccinium Myrtillus). Diese werden von den Büschen mit hölzernen Kämmen abgenommen, und an die Weinfabriken nach Bremen und Hamburg verschikt. Man führte sie ehedem sogar nach Frankreich, und es sollen von 1780 bis 1787 an 67,000 Thaler daraus gewonnen worden seyn.

23.

Aufenthalt in Lübek; Vorbereitung zur Seereise von hier aus nach Riga, und Beschreibung derselben.

Da ich mit der Absicht in Lübek ankam, nach Riga zu reisen, so mußte es auch mein vorzüglichstes Geschäfte seyn, mich nach dem ersten dahin abgehenden Schiffer zu erkundigen, um nicht durch die Versäumniß einer solchen Gelegenheit mich zu einem längern Aufenthalt in Lübek, und folglich zu einer für mich sehr zweklosen Ausgabe gezwungen zu sehen, zumal da ich mir wohl bewußt war, wie sehr ein Fremder, der wie ich, in Rußland Dienste suchen will, sein Geld zu Rathe zu halten Ursache hat.

Die Nachrichten von den abgehenden Schiffen findet man jedes Mal sowohl in dem Lübekker Intelligenzblatt, als auch auf geschriebenen Zetteln, die an den Wänden der Börse angeheftet werden. Sie enthalten den Namen des Schiffes und des Schiffers, den Ort ihrer Bestimmung, und die wahrscheinliche, oder auch festgesezte Zeit ihrer Abfahrt, die sie, bei Verlust der Fracht, wie es darin heißt, beobachten müssen, wenn anders der Wind nicht gerade zu conträr ist.

Der Schiffer, dem ich mich anvertraute, war ein Lübekker. Ich accordirte mit ihm auf vier Dukaten, wofür ich einen Platz in der Kajüte und eine Koye (Schlafstelle) bekam; und für wöchentliche Kost forderte er einen Dukaten. Dieß ist der gewöhnliche Preiß, weil manche Schiffer sich auch wohl sechs bis acht Dukaten für diese Reise bezahlen lassen, welches freilich noch immer eine sehr geringe Summe ist, in Betrachtung der Kosten, die man von einer Landreise haben würde.

Die Passagiere auf dem Verdek, die im Schiffsraum schlafen müssen, und sich gewöhnlich auch selbst verköstigen, zahlen nur drei bis vier Thaler, je nachdem der Schiffer mehr oder weniger von ihnen, weil sie meistens arme Handwerksbursche sind, nehmen zu dürfen glaubt.

Für die Fracht, die jeder bei sich hat, und wenn es auch drei bis vier Koffer wären, worin blos Sachen zum eigenen Gebrauch enthalten sind, wird nichts gezahlt.

Die Reise kann vier Tage, auch wohl acht Wochen dauern, gewöhnlich dauert sie acht bis neun Tage. Wegen dieser Ungewißheit ist es rathsam, den Schiffer für die Kost sorgen zu lassen, weil man sonst alle Tage besorgt seyn muß, der mitgenommene Proviant möchte früher endigen als die Reise. Ein Dukaten Kostgeld wöchentlich ist auch nicht zu viel. Denn man bekommt dafür Mittag warmes Essen, das gewöhnlich in einer Hühnersuppe, Mehlspeise und in einem Braten besteht; erhält auch Wein und

Morgens und nach Tische Caffee, und kann sich übrigens Thee, Punsch, Wein, Arak Heringe, Würste, Butter und Käse reichen lassen, so oft und so viel man will. Wenigstens war mein Schiffer in diesem Punkte sehr liberal.

Nur kommt den meisten Passagieren erst der Appetit, wenn die Seereise geendigt ist, weil ihnen gewöhnlich die Seekrankheit alle Eßlust benimmt.

Wer von hier aus nach Riga, oder an einen andern russischen Ort reist, muß sich wohl vorsehen, nichts mitzunehmen, was einzuführen verboten ist, und nichts zurück zu lassen, was er mitzubringen nöthig hat.

Zu ersterem rechne ich alles russische Geld und überflüssige Galanteriewaaren; denn man erlaubt einem Fremden nicht einmal gern zwei Uhren bei sich zu tragen, ferner neue und ungetragene Kleidungsstücke, und alles was den entferntesten Bezug auf die neuere Geschichte Frankreichs hat, z. B. eine rothe Mütze, oder lederne Handschuhe, worauf sich die Guillotine oder Attribute der Freiheit befinden. Es sind wirklich Leute dadurch in Verlegenheit gerathen. Zu den nöthigen und nüzlichen Dingen aber, die man mitbringen muß und darf, rechne ich erstens einen guten Paß; zweitens Dukaten und Albertsthaler, weil die andern Münzsorten theils dort nicht üblich sind, theils im Curs verlieren; drittens gute Empfehlungsschreiben an Kaufleute; viertens gute Kleider und Pelze, weil diese in Riga ungleich theurer als in Teutschland sind, worüber sich diejenigen wundern, welche nichts von dem starken Impost wissen, der auf die Einfuhr aller ausländischen Waaren gelegt ist, und welche sich vorstellen, daß die Pelze in Rußland zu Haus wären, und also dort wohlfeiler als anderswo seyn müßten. Allein man irrt; denn man läßt in Rußland das Pelzwerk meistentheils aus Amerika oder mittelbar von Leipzig kommen.

Ich komme wieder auf Lübek zurük. Die Stadt hat eine schöne und vortheilhafte Lage, viele große und schöne Gärten, und Alleen, die man in fürstlichen Lustgärten nicht prächtiger finden kann. Ein Mann, der die Gärtnerei liebt, und eine Stadt, die schöne Gärten hat, nehmen mich beide in voraus für sich ein.

Der Handel in Lübek ist lange nicht mehr so blühend, wie in vorigen Zeiten, zur Zeit der Hanse oder des großen Bundes unter den Handelsstädten; aber es herrscht gleichwohl noch viel Leben und Thätigkeit unter den Einwohnern, wodurch sich diese Stadt wenigstens vor tausend nicht handlungtreibenden Städten augenbliklich unterscheidet.

Der Handel zur See geht von hier meistentheils nach Riga, Pernau, Libau, Memel und Königsberg. In der guten Jahrszeit vergeht fast keine Woche, in der nicht Schiffe an einen dieser Örter abgehen sollten.

Die Zahl der Einwohner beläuft sich nur etwa auf 30,000 Menschen; in Hamburg rechnet man 100,000.

Um sich von den Bürgerlichen zu unterscheiden, errichtete der hiesige Adel 1397 den Dreifaltigkeitsorden, den der Kaiser Joseph der Zweite 1778 bestätigte.

Das gewöhnliche Fahrzeug, dessen man sich hier zu Lustpartien bedient, sind eine Art fein gearbeitete Leiterwagen, die drei bis vier Querbänke haben, welche mit Leder oder Tuch überzogen sind. Es können daher ganze Familien von acht bis neun Personen sehr gemächlich darin sitzen.

Auf einem solchen Wagen fuhr ich mit meinen Koffern, dem Schiffer und noch einigen Passagieren über Israelsdorf nach Travemünde, um mich daselbst einzuschiffen. Israelsdorf ist einer der besuchtesten Orte um Lübek, von dem es nur eine Stunde entfernt ist. Es hat eine sehr reizende Lage an der Trave. Travemünde liegt zwei Meilen von Lübek

Auch hier genießt man eine in ihrer Art schöne Aussicht auf die See. Ich blieb nur einen Tag hier. Am 3ten August 1793 segelten wir gleich nach Tische mit halbem Winde ab, und noch vor Sonnenuntergang hatten wir das Land aus dem Gesichte verloren. Es verging aber kein Tag, an dem wir nicht in der Ferne wieder neues erblikten; erst die pommersche Küste, die Stadt Wismar, dann die schwedische Küste, die Insel Bornholm, die Küste von Curland, Domesnes, die Insel Ösel und endlich Liefland. Auch begegneten uns wohl alle Tage zehn bis zwölf Schiffe.

Demjenigen, der noch nicht viele Erfahrung zur See gemacht hat, scheinen die Schiffe in der Entfernung weniger entfernt zu seyn, als sie wirklich sind. Daher sagt man, die See nähert, was doch nicht eigentlich die Wirkung der See, sondern der subjektive Mangel an Erfahrung ist, weil man sich keinen festen Punkt oder keine Gegenstände wählen kann, don denen man z. B. die Entfernung eines Schiffs vom andern in Gedanken ausmessen könnte.

Ungeachtet die See ruhig war, so bekamen die meisten Passagiere doch schon in den ersten zwei Tagen, ja sogar einige in den ersten zwei Stunden die Seekrankheit, die sich durch Übelkeiten und Erbrechen äussert, wovon ich aber glüklicher Weise befreit blieb. Diese Krankheit scheint die Folge der Furcht, zum Theil aber auch die natürliche Wirkung der schaukelnden Bewegung zu seyn, die man auf dem Schiff, auch wenn die See ruhig ist, zu empfinden pflegt. Wenigstens gibt es Schiffscapitaine, die jedes Mal, wenn sie zu See gehen, diese Krankheit aufs neue bekommen. Vielleicht trägt aber auch die Seeluft und der specifike Schiffsgeruch das Seinige zu diesem specifiken körperlichen Misbehagen bei. Ein guter Schluk Arak, magre Kost, und standhafter Muth sind wohl auf jeden Fall die wirksamsten Gegenmittel.

Es macht einen eigenen Eindruk, wenn man sich auf einem so zerbrechlichen Fahrzeug mitten auf der See zwischen Luft und Waſſer befindet, und die ſchäumenden Wellen unaufhörlich und unaufhaltſam ſich daher wälzen ſieht, ſie an die Wände des Schiffs anſchlagen und zurükprallen, und den Wind durch die Segel ſauſen hört, und dabei ſich alle die Seefahren denkt, denen die Seefahrer ausgeſezt ſind. Wir hatten keinen eigentlichen Sturm, aber nach etlichen Tagen doch eine ſehr unruhige See und conträren Wind, ſo, daß wir in zweimal vier und zwanzig Stunden durch Laviren kaum vier Meilen vorwärts kamen. So wie der Wind ſtärker wird, ſo erheben ſich auch die Wellen mit größerer Macht. Die See wird gleichſam hohl (concav) und die kommende Welle ſcheint das Schiff in eben dem Augenblik verſchlingen zu wollen, in welchem daſſelbe auf eine andere Welle mit einer Gewalt fortgeworfen wird, von der Schiff und Maſten krachen.

Bei anhaltenden günstigen Winden kann ein Schiff in 24 Stunden sechzig bis neunzig Meilen machen. Das Schiff, worauf Cook und Forster waren, legte einmal in einer Stunde sieben und eine halbe englische Seemeile zurük, deren zwanzig auf einen Grad, oder auf funfzehn teutsche Meilen gehen. Und doch gingen damals die Meerschweine noch dreimal so geschwind. *)

Die Seereise von Lübek nach Riga ist eine der gefährlichsten, weil es an verschiedenen Orten sehr schmal ist, und also das Scheitern und Stranden bei einem Sturm an diesen Orten nicht vermieden werden kann. Die meisten Unglüksfälle ereignen sich zwischen Ösel und Dowesnes. Wir kamen bei Nacht an diesem leztern Orte vorbei, der sich den Schiffern von weiten durch eine Feuerbake, oder einen Leuchtthurm kenntlich macht.

Am Morgen und Abend wird jeden Tag auf den Schiffen Gottesdienst gehalten, bei

*) S. Forsters Reise um die Welt, I. S. 85.

dem der Capitain die Stelle des Predigers und
des Cantors vertritt. Auf dem Schiffe, worauf ich mich befand, versammelten sich die
Passagiere und das Schiffvolk an den zum Gottesdienst bestimmten Stunden auf dem Vordek;
der Capitain kroch sodann in die Küche hinein,
und stimmte darin ein Morgenlied oder Abend-
lied an, wobei ihn die übrigen aus Leibeskräf-
ten secundirten. Darauf las er ein Gebet vor,
das gemeinhin eben so viel Wahnsinn als Un-
sinn enthielt, und zu den geistlichen Liedern
paßte, um mich dieses niedrigen Gleichnisses zu
bedienen, wie stinkender Käs zu riechender
Butter. Ich habe in meinem Leben nichts al-
berneres und jämmerlicheres gehört.

Das Gebet und die Lieder enthielten am
Abend regelmäßig nichts anders, als eine
förmliche Bitte zu Gott dem Allmächtigen, daß
er uns die Nacht durch vor den Anfechtungen
des Teufels, dem aus einer elenden Poltro-
nerie mancherlei possierliche Schimpfnamen bei-
gelegt wurden, in Gnaden behüten und be-

wahren wolle; und am Morgen wurde Gott in demselben Tone gedankt, daß er unsre Bitte so gnädiglich erfüllt habe.

Wie auf dem Schiff einen der Teufel plagen kann, begreife ich nicht; aber das weiß ich, daß er den Schiffer plagte, dergleichen Lieder zu wählen, und den Abendgottesdienst gerade immer zu der Zeit zu halten, wo der Untergang der Sonne Gottes Allmacht, Weisheit und Güte am lautesten verkündigte, und die Herzen Aller mit Vertrauen, Dank, Rührung und Inbrunst hätte erfüllen sollen.

24.

Ankunft in Dünamünde.

Nachdem wir sieben Tage auf der See herumgekreuzt hatten, kamen wir endlich am achten vor Dünamünde an, das ungefähr 2 Meilen (15 Werste) von Riga liegt. Ich muß gestehen, daß ich mich herzlich freute, diese Seereise so glücklich zurückgelegt zu haben, und nun mit Gewißheit hoffen zu können, in etlichen Stunden wieder Land unter meinen Füßen zu fühlen.

Aus der See kommt man zuerst in die Bulleraa, welche auch der Mitausche Bach genannt wird, weil sie aus Curland kommt. Sie trennt den Flekken Bulleraa von Dünamünde, und ergießt sich in die Düna, nahe bei dem Ausfluß derselben in die Ostsee.

Dünamünde ist keine Stadt, sondern nur ein Marktflekken, oder nach dem russischen Ausdruk eine Slobode. Der Ort ist unansehnlich hat aber eine kleine Festung, die zur Vertheidigung der Einfahrt bestimmt ist.

Als ich hier ankam, war schon an dem grosßen Hafen zu bauen angefangen, der durch einen Steindamm gebildet werden soll. Es ist daher ein Irrthum, der sich z. B. in Hübner's und anderer Geographien findet, wenn darin gesagt wird, daß Riga wirklich einen guten Hafen habe, da es denselben erst bekommen soll.

Auf der Bulleraa in der Nähe von Düna: münde liegt beständig ein russisches Wachtschiff vor Anker, auf welchem sich ein Besucher oder Visitator befindet. So wie ein fremdes Schiff hier ankommt, muß es anhalten und den Anker auswerfen. Sogleich kommt auch der Besucher mit russischen Ruderknechten, die den verworfensten Galeerensklaven gleichen, in einem Boote ans Schiff gefahren. Diese bleiben im Boote und erhalten vom Schiffer gewöhnlich ein kleines Geschenk an Stokfisch, oder was er sonst vorräthig hat. Der Be: sucher aber kommt ins Schiff, durchsucht alle Winkel desselben, erkundigt sich vorläufig nach den Namen der Passagiere, nach ihrem Stan: de, Vaterlande und nach den Sachen, die sie sowohl in ihren Koffern als in ihren Taschen haben. Dann werden alle Pakete, Koffer, Kisten und Behältnisse, und selbst die Öffnung des Schiffraums versiegelt. Darauf entfernt sich der Besucher und der Schiffscapitain mit den Pässen der Passagiere und mit seinen übri:

gen Papieren, die er bei der Behörde zu seiner Legitimation aufweisen muß, und bringt
dann in etlichen Stunden darauf noch zwei
oder drei andere Besucher mit, welche dann
sehr höflich bitten, daß man in ihrer Gegenwart seine Taschen ausleeren möchte. Dieß
muß man denn freilich thun, weil es der aller-
höchste Befehl ist. Unterdessen werden sie mit
Caffee und Wein bewirthet, und je nachdem
sie Leute vor sich haben, setzen sie sich mehr
oder weniger in Autorität. Einer von diesen
Besuchern war gegen die Handwerksbursche,
die sich auf dem Schiff befanden, sehr grob,
und schalt sie Ochsen und Esel, wenn sie schlief
oder nicht schnell genug auf seine Fragen ant-
worteten. Mit demselben suchte ich mich in ein
Gespräch einzulassen, indem ich ihm eine Prise
Tabak präsentirte und nach dem gegenwärtigen
General-Gouverneur in Riga, dem Fürsten
Repnin fragte. „Ach‘, sagte er, „das ist
„ein überaus gnädiger Herr. Stellen Sie
„sich nur vor, er dankte mir mit dem Hut,

„als ich ihm neulich auf der Straße meine
„Verbeugung machte. Ich wußte nicht, wie
„mir in dem Augenblick geschah; es war mir,
„als sollte ich in die Erde versinken!"

Auch erzählte er mir, daß dieser Fürst nur
sehr wenig Teutsch verstünde, und gewöhnlich
französisch oder russisch spräche. Neulich wäre
eine Frau zu ihm gekommen, die ihn gebeten
hätte, ihr eine Stelle im heiligen Geistes Stift
zu Riga angedeihen zu lassen. Der Fürst,
der von dem allen, was sie ihm vorsagte, we
nig verstanden, aber doch so viel gemerkt hätte,
daß sie eine arme Person wäre, habe ihr ein
paar Thaler schenken wollen, und als sie sich
dieselben anzunehmen geweigert und von neuem
um eine Stelle im heiligen Geistes Stift gebe
ten hätte, habe der Fürst sie für wahnsinnig
gehalten, weil er glaubte, diese Frau bäte
ihn um den heiligen Geist, bis er
von den Umstehenden eines andern belehrt wor
den wäre, worauf jene wirklich diese Stelle
erhalten habe.

Wenn die Besucher ihr Amt verwaltet haben, lassen sich die Passagiere in einem Boote auf der Bulleraa nach dem Flekken Bulleraa bringen, um sich dem dortigen Inspector zu zeigen, der sie dann gewöhnlich, wenn ihm die Personen nicht verdächtig scheinen, nachdem er sie gesehen hat, mit den Worten: „Sie können frei passiren" — ihrem ferneren Schiksal überläßt.

Die Effekten aber bleiben auf dem Schiff, und werden auf den Licent in Riga gebracht, wo sie dann, gegen die Gebühren nach der eingeführten Terminologie, wieder frei zu machen sind, wenn sie anders nicht unter dem Verbote der einzuführenden Waaren stehen. Dieß Freimachen ist mit vielen Umständen verknüpft, und wer nicht das Glük hat, in Riga selbst einen angesessenen Mann zu finden, der am Licent bekannt ist, der wird lange hingehalten, und, wie man zu sagen pflegt, vom Pontius zum Pilatus geschikt.

Man kann zwar zu Schiff von der Bulleraa aus in die Düna, und von dieser bis nach Riga fahren; allein man kommt geschwinder weg, wenn man einen kleinen Wagen miethet, für den ich einen Albertsthaler zahlen mußte.

Die Gegend hier, die zu den unfruchtbarsten des Rigischen Kreises gehört, hat ein trauriges und ödes Ansehen, man erblikt nichts als tiefen Sand und Sandhügel, worauf selbst das Gras nicht gedeihen kann. Näher an der Stadt aber wird die Gegend sogar an manchen Stellen reizend.

Da der gemeine Mann hier nicht teutsch, sondern blos lettisch oder russisch spricht, so konnte ich an mir selbst die Erfahrung machen, wie übel einer daran ist, der in ein Land kommt, dessen Volkssprache er nicht versteht. Ich rief einen Leibeigenen an, der gerade arbeitete; allein es war so gut, als wenn ich zu einem Stok spräche. Als ich ihm endlich freundlich unters Gesicht trat, schüttelte er unwillig den Kopf, und gab sich nicht die geringste Mühe die Zeichen zu verstehen, die ich ihm gab, um mich verständlich zu machen. Wie der eine war, so waren auch die übrigen, die sich hier mit Graben, Zimmern und Brettersägen beschäftigten.

Diese Menschen stehen da sohne Hemd und ohne Strümpfe und Schuhe in langen weiten Beinkleidern und in Röcken von Segeltuch, die ihnen bis an die Knie reichen, um den Leib mit einem Strik zusammengebunden sind, und zugespizte Ärmel haben. Ihr Ansehen ist niedergeschlagen, und zugleich auch niederschlagend für den, der sie zum erstenmale sieht. Eben als wären sie die lezten Abdrükke von Gottes Ebenbild, enthält ihr leibeigenes Gesicht nicht die geringste Spur von veredelter Menschheit; ja man geräth sogar in Versuchung, ihnen mit Linne' nach den Zähnen zu sehen, um sich zu überzeugen, daß sie Menschen sind comme nous autres.

So sehr erniedrigt die Sklaverei, in der diese Menschen ihr thierisches Leben hinbringen. Sie werden gehalten wie das Vieh, und ertragen auch, wie dieses, des Tages Last und Hitze, und gleich diesem werfen sie sich auch am Abend auf die Streu, eben so entfernt von Furcht als von Hoffnung. Ihr Zustand macht sie unempfindlich gegen beide. Denn wie sollte der noch etwas fürchten, der nichts zu verlieren hat, dem nicht selten sogar das Leben eine Bürde ist, weil er kein Eigenthum hat, da sogar seine Kinder dem Leibherrn mehr angehören, als ihm? und wie sollte dessen Seele sich zu Hoffnungen empor schwingen können, deren edelste Kräfte schon im Keime zerknikt worden sind? Sklaven bleibt nach der Befriedigung der thierischen Begierden kein höherer und edler rer Wunsch übrig.

Diese Unglüklichen bestätigen sehr auffallend, was Sturz, einer unsrer besten Prosaisten sagt: „der Umriß der Seele bil

„bildet sich in den Wölbungen ihres Schley-
„ers, und ihre Bewegung in den Falten
„ihres Kleides."

25.
Dünabrükke in Riga.

Ich fand mich bei meiner Ankunft in Riga
durch den Anblik der Dünabrükke sehr angenehm überrascht. Der Eindruk, den dieselbe
auf mich machte, war vielleicht deßwegen stärker, als er bei einem andern seyn würde, weil
ich acht Tage auf dem Meer zugebracht hatte,
und mich gleichsam unmittelbar von Lübek
nach Riga unter eine Menge ganz
fremder Menschen und Gegenstände versezt sah. Aber selbst die gebornen Rigaer empfinden Vergnügen auf dieser Brükke.

Sie hat eine ansehnliche Länge, nämlich
1150 schwedische Ellen, und ihre Breite ist

ß, daß zwei Wagen sich sehr bequem einander ausweichen können.

Auf beiden Seiten dieser Brükke wehen oft die Wimpeln von hundert Schiffen, die mit ihren Spiegeln auf die Brükke zugekehrt, hier vor Anker liegen. Auf den Schiffen und bei denselben befindet sich immer eine Menge Menschen, Matrosen, Schiffer, Kaufleute, und andere Personen, die entweder ihren Geschäften oder ihrem Vergnügen nachgehen. Hier sieht man einige mit Einladen, dort andere mit Löschen oder Ausladen beschäftigt. Der spricht Russisch, der Lettisch, der Teutsch, der Holländisch, der Englisch. Hier kutschiert eine Dame auf ihrer Troschka, dort kommt eine Postkibitka*); hier reitet einer, ein andrer

---

*) Diese beiden Arten Fuhrwerke sind in Teutschland weder bekannt noch gebräuchlich, ungeachtet die Troschka es zu seyn verdiente. Sie besteht aus einer Bank, die mit Leder oder Tuch überzogen ist, und welche auf einem Gestell mit vier gleichen Rädern ruht. Je nachdem sie für mehr oder weniger Personen eingerichtet seyn

schöpft Wasser, wieder andere fischen. Ein Bild drängt das andere fort. Auf der Düna

soll, ist diese Bank natürlich länger oder kürzer. Es kann unter der Bank auch ein Kasten angebracht werden, der bei einer weitern Fahrt zum Waarenbehältniß dient. Gewöhnlich sind sie auch mit einer Lehne versehen, die entweder die Bank der Länge nach in zwei gleiche Theile theilt, oder in Gestalt eines großen lateinischen S. fortläuft, so daß man im ersten Fall dos à dos und im zweiten Fall rüklings neben einander sizen kann. Man spannt ein Pferd, auch zwei Pferde vor, von denen, sobald man schnell fährt, nach der Weise der rigischen Fuhrleute, das eine im Galop und das andere im Trott bleiben muß. Dieses Fuhrwerk ist äusserst leicht, und gewährt den Vortheil, daß man darauf rings um sich her sehen kann, da auf den gewöhnlichen Fahrzeugen wenigstens der Rükblik verloren geht. Die Kibitka hat die Gestalt einer Wiege oder eines Korbs der auf vier niedrigen Rädern ruht und zur Hälfte bedekt ist. Man kann sehr viel hinein pakken. Um das Stoßen aber nicht zu sehr zu spüren, muß man den Siz mit Betten oder Heu ausfüllen. Ihrer bedient man sich auf der Post statt der Kutschen. Es werden gewöhnlich drei oder vier Pferde vorgespannt, aber nicht so wie in Teutschland, paarweis hinter

selbst sieht man immer mehrere Leute in Booten herumrudern, oder sich auf den Hölmern (Dünainseln) mit Zimmern, Kalfatern ꝛc. beschäftigen. Es läßt sich dieses Schauspiel nicht ganz beschreiben, man muß sich selbst in einem ähnlichen Wirrwarr von Wagen, Pferden und von so verschiedenen Arten von Menschen befunden haben, die sich alle in ihrer Nationalkleidung und Nationalphysionomien, so wie hier aufs seltsamste durchkreuzen.

An Markttägen ist es, zumal bei schönem Wetter, wo das Gedränge sehr groß ist, sogar gefährlich auf dieser Brücke zu Fuß zu gehen,

einander, sondern alle drei oder vier neben einander. Die Post ist in Rußland sehr wohlfeil. Man rechnet für jedes Pferd auf die Werst, deren zwanzig auf drei teutsche Meilen gehen, zwei Kopeken, folglich kann man für ungefähr einen halben Thaler Alberts mit zwei Pferden drei Meilen weit fahren, weil man hundert Kopeken auf den Rubel, und zwei Rubel auf den Albertsthaler rechnet. Dabei bringt man auf keiner Meile länger als höchstens eine Stunde zu.

weil die Menge Fuhrwerke die unaufhörlich
hinter den Fußgängern herrollen, oder ihnen
entgegen rasseln, trozt des Rufens Paschol
(aus dem Wege!) es schwer macht sich hinlänglich vorzusehen, so daß nicht wenigstens
die Kleider beschmuzt werden. Es ereignet
sich auch wohl alle Jahre der Fall, daß ein
Mensch hier überfahren wird. Ein Polizeige-
setz verbietet zwar das schnelle Fahren an diesem Orte ausdrüklich, aber der Russe läßt sich
das nicht nehmen, und er fährt gerade so, als
wenn es ihm verboten wäre langsam zu fahren.

Diese Brükke hat kein Geländer, sondern besteht blos aus quer über die Düna
gelegten dikken Dielen, die auf dem Wasser
aufliegen. Sie wurde erst im Jahr 1701 zum
Behuf der schwedischen Rükkerei unter Karl
dem Zwölften angelegt. Bei Annäherung der
Kälte im October wird sie abgenommen, und
zu Anfang des Frühlings, wenn der Eisgang
vorbei ist, wieder aufgelegt. Beide Operatio-
nen sind mit ansehnlichen Kosten verbunden,

welche die Stadt bestreitet, die auch dafür einen Brückenzoll erhebt. Manche Familien zahlen jährlich überhaupt eine gewisse Summe für die freie Passage, wer sich aber in keiner solchen Familie befindet, erlegt jedesmal für das Hin- und Hergehen einen Ferding, das ist, den fünften Theil eines Fünfers oder sächsischen Dreigroschen Stüks. Bei der großen Anzahl von Menschen, die diese Brükke täglich passiren und repassiren, kann diese Abgabe nicht sehr genau eingefordert werden. Ich war wohl hundert Mal über diese Brükke gegangen, ehe ich noch einmal wußte, daß etwas dafür erlegt werden müßte.

Nicht weit von der Dünabrükke ist von der Stadt am Ende des 17ten Jahrhunderts eine Citadelle, den Schweden zu Gefallen, angelegt worden, die sich auf der Brükke ganz artig ausnimmt, so lang man nicht weiß, daß sie jezt eine Art von Bastille ist. Die Ufer der Düna sind mit schönen Wiesen eingefaßt, und jenseits der Düna nahe bei Riga ist die sogenannte Spilwe, aber große Wiese merkwürdig, auf welcher Karl der Zwölfte den Polen und Sachsen eine Schlacht lieferte, welche die Folge hatte, daß August der zweite abgesezt, und der Woiwod von Posen Stanislaus Lescinczki an dessen Stelle von Karln auf den polnischen Thron gesezt wurde.

Die schlechte Beschaffenheit der Dämme macht nicht nur, daß die Düna im Frühjahr leicht austritt und der Stadt Schaden thut, sondern sie bewirkt auch, daß alle Jahre mehr Sand vor Riga geflößt wird, und die Hölmer sich vergrößern. Dadurch leidet insbesondere die Kaufmannschaft, weil wegen der Untiefen jezt schon die größeren Schiffe nicht mehr vor der Stadt, sondern auf der Bulleraa befrachtet und gelöscht werden können.

Die Düna ist ein sehr fischreicher Fluß. Die Dünalachse hält man für die besten unter allen. Ausserdem fängt man hier auch kleinere Fische, als Bärse, Kaulbärse, Hechte,

R

Karpfen, Alante und Neunaugen *), die hier sehr wohlfeil und eine Speise der gemeinen Leute sind, doch sollen sie an Güte den Lüneburgschen und Bremischen nachstehen.

Im Winter ist dieser Fluß, wenn er zugefroren ist, beinahe eben so lebhaft wie im Sommer; denn nun werden aus allen Ecken und Enden, aus Polen, Lithauen und dem Innern von Liefland, die Handlungsprodukte, als Hanf, Flachs, Holz, geräucherte Schweine u. d. gl. zu Schlitten auf der Düna nach Riga gebracht. Es ist daher sehr nachtheilig für die Handlung, wenn der Winter nicht strenge genug wird, weil alsdann der Strom nicht so gut befahren werden kann, und viele Waa-

*) Es ist sonderbar, daß man diesen Fisch, petromyzon fluviatilis oder kleine Lamprete, Neunauge nennt. Vermuthlich hat man die Luftlöcher, deren er auf jeder Seite sieben, aber nicht neun, hat, für Augen angesehen. Der eigentlich ihm zukommende Name wäre Prike, oder Steinsauger, welches die Uebersetzung von Lamprete (Lampetra) ist.

ken liegen bleiben müssen, auf deren Absatz
oder Einkauf der Handelsmann sich Rech,
nung gemacht hat.

Um den Ankommenden den sichersten und
kürzesten Weg zu zeigen, wird die Düna, so,
bald sie hinlänglich zugefroren ist, durch in
zwei Reihen gestekte Reiser gleichsam in ver,
schiedene Straßen getheilt. Denn da die Düna
nicht aller Orten gleich stark zugefriert, und an
verschiedenen Stellen derselben ganze Strekken
aufgeeiset werden, die, sobald die Kälte wie,
der eine dünne Kruste darüber gelegt und der
Schnee sie bedekt hat, nicht von andern zu un,
terscheiden sind; so würde, ohne jene lobens,
würdigen Vorkehrungen, gewiß mancher in
Gefahr gerathen oder um sein Leben kommen.
Dessen ungeachtet fehlt es doch nicht an Men,
schen, die dumm oder unvorsichtig genug sind,
die ihnen angewiesenen Straßen zu verlassen.
So erlebte ich selbst das Beispiel, daß zwei
Pferde mit dem Schlitten in einem aufgerisse,
nen Loche ohne Rettung verloren gingen.

Fälle von folgender Art ereignen sich auch beinahe alle Jahr.

Etlichen Russen, die noch, bei der schon eintretenden stärkern Kälte, auf der Düna von der Stadt aus an das gegenseitige Ufer derselben fahren wollten, begegnete es, daß sie mit ihrem Boote mitten im Flusse einfroren, und da, ohne daß man ihnen zu Hülfe kommen konnte, in der grimmigsten Kälte die ganze Nacht durch bleiben mußten, bis am Morgen das Eis stark genug war, daß sie darüber gehen konnten.

26.

Einige historische Nachrichten sowohl von Liefland überhaupt als auch insbesondere von Riga.

Die Stadt Riga wurde um Jahr 1200 von teutschen Kaufleuten erbaut, und erhielt ihren Namen von dem Flüßchen Rige, einem

Arm der Düna, der aber gegenwärtig ganz verschüttet ist. Diese Stadt hat, so wie Liefland überhaupt, merkwürdige Schiksale gehabt, und ich schmeichle mir, meine Leser, Sie nicht unangenehm zu unterhalten, wenn ich Ihnen die Geschichte dieses Landes in der gedrängtesten Kürze vor Augen lege *).

In der Geschichte Lieflands unterscheiden sich vier Perioden, gleichsam von selbst; die Ordensperiode oder teutsche Periode, die polnische, die schwedische und die russische Periode, wenn man nämlich von der Erbauung der Stadt Riga anfängt.

*) Schon wollte ich hier das Zeitwort skizziren gebrauchen; aber ich möchte wissen, wem die Anmerkung des Herrn Adelung die Lust nicht benihme, sich desselben ferner zu bedienen? „Skizze, sagt Herr A., ist ein ganz unnöthiges „Wort, so sehr es auch von unteutschen „Affen gemißbrauchet wird." Meine Leser werden es in diesen Rükerinnerungen Einmal gefunden haben. Ich nehme es zurük, und überlasse es jedem, ein anderes Wort an dessen Stelle zu setzen. Einmal das Wort Skizze gebraucht und nimmermehr!

Seit dem Anfange des dreyzehnten Jahrhunderts herrschten daselbst die Schwerdbrüder; seit 1239 die teutschen Ordensmeister oder Kreuzherren, und im Anfange des sechzehnten Jahrhunderts bekam es eigene Herren Meister*), die den Titel teutscher Reichsfürsten führten.

Noch unter dem Kaiser Maximilian dem Zweiten befand sich Liefland unter dem Schutze des teutschen Reichs. Dieß sieht man unter andern daraus, weil dieser Kaiser der Stadt Riga das Privilegium mit rothem Wachs zu siegeln, 1576 ertheilt hat. Wegen der großen Entlegenheit konnten die Kaiser aber Liefland gegen die nordischen Mächte so wenig schützen,

---

*) Dieß ist die richtigere Benennung für Heermeister, weil dieses Wort in den ältesten Urkunden allemal durch Dominus Magister übersezt wird. Doch glaubt vielleicht mancher, sich bei dem Heermeister etwas bestimmteres denken zu können, als bei dem Herre Meister.

als Jerusalem gegen die Türken, und mußten es also derelinquiren.

Die Herren Meister waren anfangs mächtig genug, wenigstens glükte es Walthern von Plettenberg, den sonst siegreichen Iwan den Ersten, welcher der Wiederhersteller des russischen Staates genannt wird, in einem Haupttreffen so nachdrüklich zu schlagen, daß er einen funfzigjährigen Waffenstillstand eingehen muste*). Nach Verfluß dieses Zeitraums fängt die polnische Periode an. Siegmund der Zweite, König von Polen vereinigte nämlich den Herre Meister und den Bischoff von Riga, die vorher in beständigem Streite mit einander lebten, und brachte, nachdem er selbst einen Theil Lieflands in Besiz genommen hatte, zwischen Lithauen und Liefland 1557 ein ewiges Bündniß gegen Rußland zu Stande.

*) Unter diesem Iwan soll Rußland das Wapen des teutschen Reichs angenommen haben.

Bald darauf 1558 fing Iwan der Zweite *)
an, Liefland auf allen Seiten zu beunruhigen
und zu verheeren. Dieß bewog den lezten
Herrn Meister Gotthard von Kettler,
weil er sich doch keinen ruhigen Besitz versprechen konnte, sein Recht auf Liefland gänzlich
an den erstgenannten Siegmund zu Zweiten,
als Großherzogen von Lithauen, zu übertragen,
und sich dafür Kurland und Semgallen als ein
Herzogthum und polnisches Mannlehn geben
zu lassen. Dem zu Folge besezten die Polen
1561 Riga und das eigentliche Liefland. Esthland aber unterwarf sich den Schweden, und
Ösel den Dänen.

Diesen drei Mächten war Iwan der Zweite
nicht gewachsen, zumal da in seinem eigenen

**) Dieser Iwan der Zweite legte sich den Titel
Zar bei, welches etwas mehr bedeuten soll, als
König. Unter ihm entstand auch in Rußland
die erste reguläre Miliz, die Strelzi oder Stre-
lizen, d. h. Schützen, welche Peter der Erste
1705 wieder aufhob.

Reich.Unruhen ausbrachen. Unter diesen Umständen hielt er es für das klügste, den dänischen Prinzen Magnus, den Bruder des dänischen Königs, Friedrich des Zweiten, freiwillig 1569 zum Erbkönig von Liefland zu erklären, und sich selbst blos das Schutzrecht darüber vorzubehalten, welches er aber nicht sehr bethätigen konnte.

Daher begab sich der Erbkönig Magnus unter den Schutz des Königs von Polen und Großfürsten von Siebenbürgen Stephan Bathori. Dieser tapfere König zwang 1582 Iwan den Zweiten, sein Recht auf Liefland ganz an Polen abzutreten.

Nach dem Tode des Stephan Bathori wählten die Polen 1587 Siegmund den Dritten. Er war der Erbprinz des schwedischen Königs Johann des Zweiten, und wurde nach dessen Tode 1592 zugleich auch König von Schweden. Wegen seines Despotismus und seiner Begünstigung der catholischen Religion sagten ihm die Schweden 1599 förmlich den Gehorkam auf. Er suchte seine Ansprüche auf Schweden durch die Waffen geltend zu machen, und die Polen hofften, daß er auch Esthland an die Republik bringen würde. Allein beide Absichten mißlangen.

König Gustav Adolph vor Schweden war glücklich gegen Rußland, und nöthigte den Zar Michael Romanow 1617 zum Frieden zu Stolbowa, worin er ihm nicht nur Kexholm, Karelen und Ingermanland, sondern auch sein Recht auf Liefland, das Iwan der Zweite schon an Polen abgetreten hatte, aufs neue abtreten mußte.

Darauf eroberte Gustav Adolph 1621 Riga nebst ganz Liefland und Curland. Es wurde zwar ein Waffenstillstand geschlossen, derselbe auch verschiedene Male erneuert; Schweden aber blieb im Besitze Lieflands und seiner übrigen Eroberungen.

Endlich brach 1655 der Krieg zwischen Polen und Schweden von neuem aus, der sich aber 1660 mit dem Frieden zu Oliva zum

Nachtheil für Polen endigte. Denn Johann Kasimir von Polen mußte auf Schweden, und die Republik Polen auf Liefland und Esthland Verzicht thun.

Unterdessen hatte auch Zar Alexej Michailowitsch, aus Eifersucht über Schwedens Glük, 1656 Riga belagert, wurde aber im Treffen bei Walk 1657 von Carl Gustav geschlagen, mußte Stillstand machen, und im Frieden zu Kardis 1661 den Frieden zu Stolbowa erneuern.

Von 1621 an steht also Liefland unter Schweden, und Riga ist die zweite Stadt dieses Königreichs nach Stokholm. Gustav Adolph schenkte gleich in dem ersten Jahre dieser Stadt den Flecken Lemsal als Patrimonialgut, und ertheilte ihr noch sonst viele Privilegien. Die Bürgermeister führten den Titel Excellenz und hatten nichts geringes zu sagen. Der Stadtmagistrat hielt sich gleichsam für inappellabel.

Die Königin Christina von Schweden bewilligte 1648 zum Besten des Liefländischen Adels einen Landrath, der theils aus Schweden, theils aus Liefländern bestand, und ließ eine Landtagsordnung abfassen, wodurch eine Art von Indigenat entstand, so daß nun nicht mehr, wie vorher, jeder Edelmann, der in Liefland ein Gut besaß, für einen liefländischen Edelmann gelten konnte, wenn er nicht besonders unter den liefländischen Adel aufgenommen war.

Zu Dörpt in Liefland war auch eine Universität, für deren Aufnahme von Schweden sehr gesorgt wurde. Wenigstens fand ich in der Liefländischen Landesordnung ein Placat, datirt Stokholm den 16ten März 1698, worin es heißt: „daß keiner einige Beförderung im „Lande zu genießen haben soll, wo er nicht „zuvor zwei Jahre auf der Universität zu „Dörpt sich aufgehalten, und deßfalls die „Proben seiner Geschicklichkeit gebührend dar„gelegt habe."

Dieß war aber wohl auch die letzte Fürsorge, die Schweden dieser Universität beweisen konnte; denn 1699 brach der große nordische Krieg aus. Zar Peter der Erste konnte nämlich den Frieden zu Stolbowa, den sein Großvater, und den Frieden zu Kardis, den sein Vater mit den Schweden geschlossen hatte, nicht verschmerzen. Er verband sich daher mit Dännemark und Polen zu einem gemeinschaftlichen Angriff gegen Schweden. Peter der Erste war damals 27 Jahr alt, und Carl der Zwölfte erst 17 Jahre. Carl zwang 1700 im August den König von Dänemark, Friedrich den Vierten, zum Travendahler Frieden, und dem Bündnisse mit Rußland und Polen zu entsagen; vernichtete im December desselben Jahres in der Schlacht bei Narva beinahe das ganze Heer Peters des Ersten; schlug im folgenden Jahr den König von Polen, August den Zweiten, vor Riga, entthronte ihn, und sezte den Piasten Stanislaus Lesczinczki an seine Stelle. Während dessen aber Carl der Zwölfte sich in Polen dem Vergnügen Könige abzusetzen und einzusetzen überließ, fand Peter der Erste Gelegenheit ganz Ingermanland, Kurland und einen Theil von Liefland wegzunehmen. Zwar hatte Carl 1706 noch Ansehen genug, um August den Zweiten im Altranstädter Frieden zur Verzichtleistung auf die polnische Krone zu zwingen; als er aber nach diesem Frieden Peter den Ersten, um auch ihm den Garaus zu machen, mit seiner ganzen Macht angriff, und sich dabei, durch sein bisheriges Glük übermüthig gemacht, manche Fehler gegen die Feldherrische Klugheit zu Schulden kommen ließ, ward er 1709 von Peter dem Ersten geschlagen, und dies ist zugleich der Zeitpunkt des Verfalls der schwedischen Macht. Denn von nun an gelang ihm auch gar nichts mehr. Im folgenden Jahr 1710 eroberte der Zar Riga und ganz Liefland, und zwang darauf nach Carls Tod, den König Friedrich *) von Schweden,

*) Dieser König Friedrich war Erbprinz des Landgrafen Karl von Hessen-Kassel, und wurde auch

1721 zum Nystädter Frieden, in welchem ihm Schweden, gegen zwei Millionen Reichsthaler, Esthland und Ingermanland, nebst einem Theil von Karelen und Wiburgslehn, so wie auch ganz Liefland mit der Stadt Riga abtreten mußte.

Riga behielt ihre eigene Verfassung, und ihre schwedischen Privilegien wurden nicht nur für's erste bestätigt, sondern der Genuß derselben ihr auch auf immer zugesichert. So blieb's auch, bis 1783 durch die Einführung der russischen Gouvernements-Verfassung sowohl Liefland als insbesondere auch Riga eine ganz veränderte politische Gestalt bekamen.

Liefland erhielt nun den Namen des rigischen Gouvernements, und wurde in folgende neun Kreise getheilt: in den Rigischen, Wolmarschen, Wendenschen, Walkschen, Pernauschen, Fellinschen, Arensburgschen, Dörptschen und Werroschen. Die vier ersten Kreise

1730 selbst Landgraf; blieb aber beständig in Schweden.

werden wegen der darin wohnenden Letten auch schlechthin die vier lettischen Kreise genannt.

Wenn etwas bei dieser neuen Einrichtung zu erinnern seyn sollte, so wäre es vielleicht das, daß Riga für dieselbe gewissermaßen zu gut, und die übrigen liefländischen Städte zum Theil noch zu schlecht waren. Denn Werro war z. B. bis 1783 nur ein adeliges Gut, das die Kaiserin für 57,000 Rubel kaufte, und 1784 zur Kreisstadt erklärte, der es aber in den ersten paar Jahren an Bürgern und an einem Magistrat fehlte. Eben so mußten auch Wolmar und Fellin aus Flekken zu Städten erhoben werden.

Der Flekken Lemsal, den Gustav Adolph der Stadt Riga, als Pattrimonialgut geschenkt, und worüber sie folglich auch die Gerichtbarkeit bisher ausgeübt hatte, wurde derselben entrissen und zu einer Wolmarschen Kreisstadt gemacht. In dieser Eigenschaft erhielt nun der Flekken Lemsal einen eigenen Magistrat und einen Stadtvogt oder Gorodnitschei.

Von den rigischen Bürgermeistern galt nun ungefähr das, was Tacitus von den Römischen sagte *), sie und die Rathsherren wurden von ihrem Ansehen herabgesezt, der Stadtmagistrat wurde dem neueingeführten Gouvernementsmagistrat untergeordnet, und wem das nicht gefiel, dem war es erlaubt, sich mit einer Pension zur Ruhe zu begeben.

Der von der Königin Christine von Schweden etablirte Landrath wurde aufgehoben; der Adelsmatrikel 1785 durch die Adelsukase die Kraft benommen **); das Amt der Lands

---

*) At Romae ruere Consules in servitium.

**) Die Kaiserin ließ nämlich neue Adelsverzeichnisse und Gouvernements-Geschlechtsbücher verfertigen. Nun kommt es also auch nicht mehr sowohl auf den Liefländischen Adel an, wen er unter sich aufnehmen will, als vielmehr auf eine Ukase oder auf den Willen der Kaiserin. Wen die Monarchin aufgenommen wissen will, gegen den finden keine weitern Erinnerungen Statt. Es heißt: Ukas jest! oder cartel est notre plaisir! Ursprünglich war kein Adel in Liefland; er kam nach der Einführung des

räthe 1786 abgeschaft, und ihnen, zur Linderung ihres Schmerzens, dafür der Titel Excellenz, das heißt, der *wirklichen Etatsräthe* ertheilt; die Mannlehne des Herzogthums Liefland in Allodia verwandelt, und die Ritterschaftsgüter zu Krongütern gemacht.

Die Universität zu Dörpt ist ganz eingegangen. Diese Stadt hatte auch das Unglük vor einigen zwanzig Jahren größtentheils abzubrennen, ist aber, (und zwar fast ganz nach dem entworfenen Plane des Herrn Regierungssekretärs und Collegien-Assessors Brükner, der sich durch seine Rechtschaffenheit und Geschäftsthätigkeit auch sonst viele Verdienste um Liefland erworben hat) bereits ganz von neuem wieder aufgebaut worden.

Christenthums aus Schweden, Niedersachsen und Westphalen dahin, wo sich auch die Stammhäuser dieser Familien größtentheils erhalten haben.

27.

Einige topographische Bemerkungen über Riga.

Riga liegt unter 56 Gr. 51 Min. und 20 Sec. der nördlichen Breite und unter 41 Gr. 40 Min. der Länge. Die Hitze ist hier im Sommer stärker als in dem gemäßigteren Teutschland, so wie auch die Kälte im Winter die in Teutschland sowohl an Strenge als Dauer bei weitem übertrift. Den Herbst kennt man hier fast gar nicht; und es fehlt daher an allen den Obstarten, die nur durch den Herbst zur Reife gedeihen, und deren Stämme die nordische Winterkälte nicht vertragen können. Eben so findet man auch die Thiere hier nicht, die nur unter einem sanfteren Himmelsstrich sich fortpflanzen können, z. B. Hirsche, Rehe u. d. gl. Am kürzesten Tag im December geht die Sonne erst um 9 $\frac{1}{4}$ Uhr auf, und gleich nach 2 $\frac{1}{2}$ Uhr schon wieder unter; aber das für wird es, um die Zeit, wenn die Tage am längsten sind, auch beinahe gar nicht Nacht.

Das Clima ist gesund; aber die Faulfieber scheinen endemisch zu seyn. Ob die Luft daran Schuld ist, oder das Dünawasser, oder die vielen Fleischspeisen, oder die gewöhnliche Zubereitung der Gemüße mit Rahm, oder wie man ihn hier nennt, mit Schmand, oder was sonst davon die Ursache seyn mag, muß ich dahin gestellt seyn lassen. Aber so viel ist gewiß, daß diese Krankheit hier nicht so gefährlich ist, wie sie in andern Ländern zu seyn pflegt, und meistentheils sehr bald und glüklich curirt wird.

Die Stadt gehört an Größe und Umfang nur unter die mittelmäßigen Städte. Die Häuser in der Stadt sind meistentheils schöne, massive und moderne Gebäude. Leere Pläße an den Häusern sind hier eine Seltenheit; ja, ich glaube nicht, daß Ein Haus in Riga ist, hinter dem sich ein nur etwas ansehnlicher Hofraum oder ein Garten befände. Die Straßen sind größtentheils gut, ohne prächtig zu seyn, und werden im Winter des Nachts, wenn kein Mondschein im Kalender steht, erleuchtet. An den Eckhäusern einer jeden Straße findet man deren Namen angeschrieben.

Sie hat acht Thore, und schöne, mit tiefen Graben umgebene, Wälle, in die das Wasser, aus einem acht Werste von Riga entlegenen See geleitet wird. Die Promenade würde auf diesen Wällen sehr angenehm seyn; allein sie ist den Bürgern untersagt. Es wäre um so mehr zu wünschen, daß es kein Bedenken haben möchte, dieses Verbot aufzuheben, da der Weg um die Stadt bei gutem Wetter kaum, und nach dem gelindesten Regen schlechterdings nicht für Fußgänger zu passiren ist. Doch glaube ich, daß die Rigaer diesen Spaziergang nicht einmal vermissen, weil es bei ihnen, vorzüglich wegen des vielen und tiefen Sandes, der sich um die Stadt herum befindet, gar nicht Sitte ist, spazieren zu gehen, sondern spazieren zu fahren oder zu reiten.

An Quellwasser leidet diese Stadt einen wesentlichen Mangel. Wie ich hörte, hat sie nur einen einzigen, aber nicht reichhaltigen Brunnen, aus welchem man, wie es dort genannt wird, Springwasser erhalten kann. Gewöhnlich wird alles Wasser zum Trinken, Kochen und Brauen aus der Düna geschöpft und in Tonnen nach Haus gefahren. Wer es aber daran wenden will, kann aus der 1663 angelegten schönen Wasserleitung durch Röhren das Dünawasser in sein Haus führen lassen. Es wird dafür noch außerdem an die Wasserleitungskasse jährlich eine bestimmte Abgabe entrichtet.

Die Anzahl der Einwohner beläuft sich nur etwa auf 27 bis 28,000 Seelen. *[handschriftl.: über 30,000]*

Der Adel wird von dem Bürgerstande wegen seines artigen Betragens sehr geschäzt, und man weiß hier nichts von der steifen Etikette, die sonst beide Stände zu trennen pflegt.

Die Besatzung wird wohl nicht über 500 Mann stark seyn. Die russischen Infanterie sten, die sich, während meines Aufenthaltes in Riga, hier befanden, hatten grüne Rökke, mit rothen Aufschlägen, rothe Westen und von eben der Farbe Husarenbeinkleider und Husarenstiefel. Auf ihren Casketten ist ein großer Busch von Pferdehaaren angebracht; das Lederwerk, was sie, an sich haben ist schwarz gefärbt, und ihre Haare tragen sie rund abgeschnitten und ohne Puder und Pomade. Folglich sind sie mit ihrer Toilette sehr bald fertig.

Die Lutheraner, Catholiken, Reformirten und Griechen haben hier freie Religionsübung; und zwar haben die Lutheraner sechs, die Griechen oder Russen*) acht, die Reformirten**) eine, und die Catholiken ebenfalls eine erst vor etlichen Jahren ganz neu erbaute

*) So oft ein gemeiner Russe vor einer seiner Kirchen vorbei geht, bleibt er stehen, nimmt den Hut ab und beugt sich etliche Mahle ehrfurchtsvoll zur Erde.
**) Dieß ist die einzige reformirte Kirche in ganz Liefland.

Kirche, welche den sonderbaren Namen führt „zur schmerzhaften Mutter Gottes." Die Anzahl der Catholiken beläuft sich ungefähr auf 2,400. Sie stehen unter dem römisch katholischen Erzbischof zu Mohilew. Die Reformirten machen die schwächste Gemeinde aus, und sind nur etliche Hundert stark.

Es ist bekannt, daß Riga eine der theuersten Städte in der Welt ist. Man will sogar behaupten, daß es hier theurer zu leben seyn soll, als in London. Und gleichwohl sind die vorzüglichsten Lebensmittel, als Fleisch, Brot, Gemüse und Butter hier sehr wohlfeil. Man kann aus dem Gasthofe für zwei Fünfer oder für sechs Groschen Sächsisch ganz gutes Essen bekommen, und die Gemüße erhält man von den russischen Gärtnern sehr frühzeitig, und in einem so wohlfeilen Preiß, daß sie ihre Mühe dabei kaum in Anschlag bringen können. Aber der Rigaer will nicht blos satt werden, er will mit Vergnügen satt werden. Und dann findet sich außer dem Brot und Fleisch noch manches, was im menschlichen Leben in Betrachtung kommt.

Kleidung, Logis, Ameublement, Bediente, die alle mit schwerem Albertsgeld bezahlt werden müssen, und die Nothwendigkeit, viele entbehrliche Dinge, welche der Luxus eingeführt hat, für Bedürfnisse anzuerkennen, das sind Artikel, die sich in Riga nicht gut streichen lassen, und am meisten Geld kosten.

Ein Quartier, das aus etlichen Stuben und Kammern besteht, kostet im dritten Stockwerk 150 bis 200 Thaler jährliche Miethe; und in einer guten Straße wohl auch 300 Thaler. Jeder Handwerksmann kleidet sich gut, (und auch seine Frau, die französisch und in Seide geht), hat sein gut meublirtes Wohnzimmer und sein Visitenzimmer, ißt und trinkt gut, hält sich ein Pferd und eine Traschka, und miethet sich im Sommer zu seinem Vergnügen wohl außer der Stadt auch einen Garten. Um diesen Aufwand bestreiten zu können, muß er da nicht den Preiß der Waaren und der Arbeit, die er liefert, übersetzen?

Selbst die Dienstmädchen gehen mit der Saloppe und mit einem flornen Schleier über der Dormöse zu Markt, wischen, wenn sie nach Haus kommen, den Staub von den Tischen, und erhalten dafür zweimal des Tags Caffee, zweimal gutes Essen und dreißig Thaler Lohn.

Manchem Fremden, zumal, wenn er noch nicht gewohnt ist, bei dem Anblik eines schön und gut gekleideten Frauenzimmers die nöthige Gegenwart des Geistes zu behalten, kann es begegnen, daß er bei seiner ersten Visite in einem Hause, wo die Frau gerade ausgegangen ist, einem solchen Dienstmädchen die Hand küßt, und sich eine halbe Stunde mit ihr unterhält, ehe er nur von weitem auf die Vermuthung geräth, daß die Dame, der er so viel Schönes gesagt hat, doch wohl nicht die Hausfrau selbst seyn dürfte.

Das zweite Geschlecht ist in Riga fast durchgängig sehr gut gebildet, und weiß seine Reize durch einen geschmakvollen Anzug noch besonders zu heben. Sie erlauben den Männern ihres Standes nicht, ihnen die Hand zu küssen, oder wenn sie es auch zulassen, so sind sie zu gleicher Zeit so artig, ihnen alsdann auch ihre Wange zum Kuß zu reichen, und der Chapeau, um sich nicht an Artigkeit übertreffen zu lassen, pflegt in diesem Falle zum Beschluß der Dame noch ein Mal die Hand zu küssen.

Es wird als ausgemacht angenommen, daß die Liefländer das Teutsche schöner sprechen, als es in irgend einer Provinz Teutschlands gesprochen wird. Die Schönheit ihrer Sprache besteht hauptsächlich darin, daß sie die unter sich verwandten Vocalen und Consonanten sehr richtig in der Aussprache unterscheiden. So sprechen sie z. B. nicht statt Beine Bayne, statt Leute Laide, statt Linie Linje, statt Stube Stuwe, oder statt Knigge Knichche ꝛc.

Aber man würde sich doch sehr irren, wenn man die Liefländer deßwegen schon für geborne Professoren der teutschen Sprache halten wollte. Im gemeinen Leben, und wo geschieht das nicht im gemeinen Leben? wird auch in Riga gegen die grammatikalischen und syntactischen Regeln der Sprache gefehlt. So verwechseln sie z. B. den Accusativus des Pronomen mit dem Dativus und auch umgewandt, und sagen wohl gar, ich fragte Ihr, z. B. die Magd. Dann verdoppeln sie häufig ohne Noth die Negationen, z. B. nicht, hat man nichts nicht. Ferner sprechen sie hie und da doch auch manche Wörter falsch aus, z. B. Holz sagen, statt Holz sägen, Mutterchen statt Mütterchen, und bedienen sich endlich auch unteutscher Wörter, z. B. Federpose statt Federkiel, statt übrigbleiben, nachbleiben. (Von einer Dame, die sich ihre Schnupftücher und dergleichen selbst einsäumt und nähet, sagt man dort: sie benäht sich;) (und wenn sie sich auch ihre

Strümpfe selbst strikt, so heißt es: sie be;
strikt sich.

Ich hätte schon früher sagen können, und
vielleicht auch sollen, daß man in den Gesellschaften zu Riga sehr gut ißt und die feinsten
Weine servirt. Weglassen kann ich aber diese
Bemerkung nicht, weil ich das Vorurtheil habe; daß sich von den Tafeln auf den Charakter, und von der Art zu essen auf die Art zu
denken bei den Menschen schließen läßt. Natürlich muß man aber das Schließen ein bisgen verstehn.

Es ist etwas sehr gewöhnliches auf den Tafeln der Kaufleute Producte aus allen vier
Welttheilen beisammen zu finden. Aus Afrika
Capwein, aus Amerika Zucker, aus Asien
astracansche Weintrauben, aus England, Por-
ter Ale und Käß; aus der Schweiz ebenfalls
Käß und Obst. Aus Spanien und Madera
feine Weine und Citronen, aus Oporto Port-
wein. Aus Teutschland, Obst, Rheinwein,
Hamburger Rindfleisch und Göttinger Mett-

würste; aus Polen oder Preußen Rehbraten, und was der Werke des feinen Geschmaks noch mehr sind. Der Ausländer wird in diesem Punkte hier nichts vermissen, und noch manche Speisen hier finden, die in den südlicheren Ländern gar nicht zu haben sind, darunter rechne ich mit Übergehung verschiedenen Federwildbrets, Elenbraten, Bärenklauen und Caviar *).

*) Caviar heißt der Eierkäs oder Eierstok des Stör's (accipenser sturio) oder des Beluche. Der russische Caviar kommt von dem accipenser stellatus her, der im Maimonat in sehr großer Menge aus dem caspischen See in die Flüsse geht. Pallas sagt, sein Eierstok sey ungefähr zehn Pfund schwer und enthalte rudi calculo 300,000 Eier. Diesen Eierklumpen reißt man nun den Fischweibchen von russischen Stören und von Hausen heraus, wäscht das Blut sorgfältig ab, wirft sie zusammen in Tonnen, schüttet Wasser und Salz daran und verkauft ihn so. Die Eier sind wie Schrotkörner oder große Krebseier, werden nach dem Einsalzen schwarzbraun, und geben ein vortrefliches Essen, das den Appetit reizt, den Geschmak des Weins erhöht, und den Magen stärkt. Man ißt ihn mit Pfeffer und

Vor Tisch ist es Sitte, Liqueur mit Thorner Pfefferkuchen, Hering, Neunaugen oder auch mit einem besondern sogenannten Vor

Zwiebeln auf allen Tafeln in Riga, entweder nur auf Brot gestrichen, oder auf geröstetem, besonders dazu gebakkenen Weizenbrot, oder auch als Salat zum Braten. Mit dem ersten Schnee bringt man den Caviar aus Sibirien auf Schlitten; er ist gefroren, und sobald die Winterbahn das Verführen der Waaren erleichtert: so fährt man Tag und Nacht mit Tonnen voll Caviar im Lande herum, und bringt ihn nach den Städten, auch nach Polen und Lithauen. Im Frühjahr ist dann gewöhnlich noch so viel davon übrig, daß man die südlichen Länder damit versehen kann. Aber das ist auch nicht mehr der eigentliche Caviar. Der Ueberrest wird nämlich zusammen geworfen, ausgepreßt und in Tonnen zusammen gestampft. Diesen Saft führt man alsdann im Frühjahr nach Italien und in andere katholische Länder, wo er vorzüglich in den Klöstern stark consumirt wird. In einem mittelmäßigen Jahre werden aus Petersburg allein 20,000 Pud ausgeführt; und das Pud hält 40 Pfund. S. Sander über das Große und Schöne in der Natur 1.Th. S. 287. Leipz. 1781. 8.

essen durch den Diener herumpräsentiren zu lassen, und weil es Sitte ist, so finden auch die Damen keinen Anstand ein Schälchen*) zu nehmen.

Übrigens sind die rigischen Tafeln auch gut anzusehen, weil alles darauf sehr propre ist, und es dabei nicht an Silbergeräthen und schönen Porzellan fehlt.

Mehr werth aber als alle die herrlichen Speisen und köstlichen Weine ist dem Mann von Gefühl erstens überhaupt die seltene Gutartigkeit, durch die sich das rigische Publikum so vortheilhaft auszeichnet; und dann insbesondere der frohe Lebensgenuß, den jeder bei einigen Talenten und guter Erziehung in den Zirkeln der Rigaer finden wird, die mit Recht den Namen der guten Menschen verdienen. Geradheit und Offenheit entfaltet die ganze Bildung ihres Geistes; aber sie sind freimü-

---

*) So nennt man figürlich (continens pro re contenta) den Liqueur der herum gegeben wird:

müthig ohne durch Unbesonnenheit zu beleidigen, und höflich ohne sich durch Schmeichelei zu erniedrigen. Die Ausübung edler Handlungen macht ihnen Vergnügen, ohne daß sie sich nachher deren rühmen. Ihre linke Hand weiß nicht, was die rechte gegeben hat; sie unterstützen, ohne es denjenigen, den sie unterstützen, einmal merken zu laſſen, denn da sie selbst feines und unverdorbenes moralisches Gefühl besitzen, so ist ihnen auch nichts heiliger, als das Gefühl andrer zu schonen. Manche arme Familien werden in Riga unterstüzt, ohne daß sie ihre Wohlthäter kennen. Heute kann ein junger Mann, der auf die Universität zu gehen wünscht, nicht die geringsten Mittel dazu haben, und morgen erhält er beim Abschiednehmen in den Häusern, die ihm ein andrer Freund anzeigt, hundert Dukaten auf eine Art in die Tasche, die seine Delicatesse nicht im mindesten beleidigen kann. Dergleichen Fälle sind in Riga nichts seltenes, und es wird, wie gesagt, kaum davon gesprochen.

T

Diese Menschen folgen hierin mehr ihrem natürlichen guten Instinkt, und handeln aus wahrer Wärme für's Gute und Schöne, als daß sie sich dabei von andern Absichten leiten ließen, die Eitelkeit oder Ehrgeiz zur Quelle hätten. Voilà les hommes que j'aime, sagt Montesquieu in seinen persischen Briefen, non pas ces hommes vertueux qui semblent être étonnés de l'être et qui regardent une bonne Action comme un prodige dont le recit doit surprendre. *)

*) Zu Teutsch: Das sind die Menschen, die ich liebe, nicht aber diejenigen, welche über ihre eigene Tugend in Verwunderung zu gerathen scheinen, und eine gute Handlung für ein Wunder ansehen, über das jeder erstaunen müsse, der es hört.

28.

Rigische Vergnügungen.

Die Vergnügungen der Städter sind wohl allenthalben so ziemlich einerlei: Nos plaisirs sont voisins de l'ennui! Von einer Stadt, in welcher sich, wie in Riga, 30,000 Menschen und unter diesen so viel reiche und wohlhabende Leute befinden, läßt sich im voraus erwarten, daß es nicht an Anstalten fehlen werde, die Zeit in den Erholungsstunden auf eine angenehme Art zu vertreiben.

Unter diesen Anstalten gebührt der, den 7ten Januar 1787 gestifteten Gesellschaft der Muße der erste Rang. Sie hat ihre Entstehung vorzüglich dem nunmehr verstorbenen Senateur und Ritter von Vietinghoff zu danken, dessen Brustbild von Gyps wahrscheinlich deßwegen auch einen Platz auf dem Ofen in einem der Spielzimmer erhalten hat.

Das Gebäude dazu ist sehr bequem, die Treppen sind breit und hell, und die Zimmer stehen in der schönsten Kommunication; überall herrscht Propretät und Ordnung. Die Anzahl der Mitglieder wurde anfangs nur auf 200 angesezt, jezt beläuft sie sich schon über 400. Ihr Symbolum ist:

Concordia res parvae crescunt;
Discordia magnae dilabuntur.

Bekanntlich enthält dieses Sprüchelchen die Geschichte aller Gesellschaften. Der erste Eintritt kostet 15 Thaler Alberts; die Aufnahme geschieht durch Ballottement. In den folgenden Jahren zahlt jedes Mitglied nur zehn Albertsthaler. Die Gesellschaft versammelt sich alle Tage, vorzüglich zahlreich aber ist sie Donnerstags, wo jedesmal über die gemeinschaftlichen Angelegenheiten deliberirt werden soll.

Fremde können als Gäste mitgebracht werden; ihre Anzahl darf aber keinen Tag über 14 steigen. Wer einen Fremden einführt, haftet nicht nur für alles, was derselbe für Essen und Trinken verzehrt, sondern er muß sich's auch gefallen lassen, für die Spielschulden zu stehen, die sich der Gast in der Gesellschaft zuziehen könnte, wenn sich dieselben nicht über 100 Rubel belaufen. Zu dem Ende müssen diejenigen, die Fremde mitbringen, ihren Namen und den Namen ihres Gastes gleich beim Eintritt in ein dazu bestimmtes Buch eintragen.

Wer Lust hat in Gesellschaft zu lesen, der findet in einem besonders dazu gewidmeten Zimmer stets verschiedene Journale und Zeitungen.

Im Winter ist abwechselnd alle Montage Damenklubb oder Maskenball. Bemerken meine Leser die feine Lebensart der Rigaer! „An diesen Tagen," heißt es in den Statuten dieser Gesellschaft, „ist es schlechterdings „niemanden erlaubt, in andern als Sammet= „stiefeln, am allerwenigsten aber in gespornten Stiefeln und bewaffnet zu erscheinen. — „An diesen Montagen darf selbst in den Zim= „mern, wo es sonst Tobak zu rauchen erlaubt

„ist, nach vier Uhr Nachmittags kein Tobak
„geraucht werden, weil der Dampf des Tobaks
„dem schönen Geschlechte zuwider und dessen
„feinern Kleidungsstükken nachtheilig ist, da=
„her denn um diese Zeit alle Zimmer so viel
„möglich gelüftet und durch wohlriechendes
„Wasser und Räucherwerk von den übeln
„Dünsten gereiniget werden müssen."

Außer der Muße giebt es in der Stadt
noch mehrere kleinere Klubbe und Gesellschaften,
die ich aber mit Stillschweigen übergehe. Fünf
Tage in der Woche ist Schauspiel. Diese Ge=
sellschaft stand unter der Direction einiger rei=
chen Entrepreneurs, die die Erhaltung des
Ganzen über sich genommen hatten. Sie hat=
ten keinen Vortheil davon, und mußten man=
ches Jahr über 1500 Thaler zusetzen. Dieser
Umstand und die unaufhörlichen und unver=
meidlichen Neckereien und Plackereien sind
wohl Ursache gewesen, daß man es 1794 den
Schauspielern überließ, sich selbst zu dirigiren.
Das Publikum wird dadurch nichts verlieren,

weil sich diese Truppe nun um so mehr bemühen muß, dessen Beifall zu erhalten, der sich nach der monatlichen Einnahme bei Heller und Pfennig berechnen läßt.

Die meisten von den Schauspielern hatten 400 Rthlr. Gehalt, die Sänger 800 Rthlr. und einige von ihnen auch 1200 Thaler, und dabei ein Publikum, das sie mit Achtung behandelt. Verschiedene Privatpersonen und vorzüglich Kaufleute machten sich ein Vergnügen daraus, diejenigen Schauspieler, die sich durch Fleiß, Talente und gute Aufführung auszeichneten, noch außerdem von Zeit zu Zeit zu beschenken.

Die Musik wird ebenfalls in Riga sehr geschäzt; doch stehen die Konzerte dem Schauspiel nach. Nur selten werden daher reisende Virtuosen in Riga ihre Rechnung finden, wofern ihnen nicht gerade sehr glükliche Umstände zu Statten kommen. Im Sommer befindet sich der Adel und ein großer Theil der Einwohner auf dem Lande, oder in Gärten außer der

Stadt. Im Winter sind, wie gesagt, fünf Tage in der Woche dem Schauspiel gewidmet, Mitwoch und Sonnabend haben die Kaufleute Posttag, und überdieß fehlt es die ganze Woche nicht an Privatgesellschaften. Diese Vergnügungen opfert niemand gern einem Konzerte auf, von dem es noch sehr zweifelhaft ist, ob es auch dieses Opfer verdient.

Die Orte, die man allenfalls zu Fuß besucht, sind jenseits der Düna. Jerusalem, an einem Arm der Düna; Hammers Garten, und der sogenannte philosophische Gang. Der beste Spaziergang ist vielleicht der Weidendamm vor der Bleichpforte, der wohl sechs Werste in gerader Linie fortläuft. Die beiden kaiserlichen Gärten werden weder gut unterhalten noch häufig besucht.

Ob ich auch die Prasnik oder politischen Feiertage unter die rigischen Vergnügungen zähle? Es sind deren jezt jährlich an zwanzig, weil alle Namenstage und Geburtstage der kaiserlichen Familie von den Einwohnern durch

Illumination gefeiert werden müssen.*) Dieſe Illumination beſteht darin, daß man, ſobald es finſter wird, vor jedes Fenſter, das auf die Straße geht, ein Licht oder ein paar Lichter ſtellt, und ſie ſo bis zehn Uhr brennen läßt. Wer dieſes zu thun unterläßt, verfällt der Regel nach in Strafe.

Auch werden an jedem Prasnik um Mittag die Kanonen von den Wällen abgeſchoſſen, welches einen ziemlichen Lärm in der Stadt verurſacht.

Es hat dieſe Einrichtung ihren ſehr guten politiſchen Grund; denn was kann für Rußland wichtiger ſeyn, als die Liebe und Anhänglichkeit für die kaiſerliche Familie ſtets lebhaft zu erhalten?

Noch eines beſondern Volksfeſtes muß ich Erwähnung thun, welches Hummer-Rum-

---

*) Legum conditores festos dies instituerunt,
ut ad hilaritatem populus cogeretur.
     SENEC. de tranq. anim.

mer genannt wird. Es wird des Sommers von vierzehn zu vierzehn Tagen dreimal gefeiert, dauert aber jedesmal nur einen Tag. Das Volk begibt sich an diesen Tagen auf einen außer der Stadt befindlichen freien Platz, wo ein mit Bändern gezierter Baum aufgepflanzt ist, und auch einige Boutiquen aufgeschlagen sind, in welchen Obst, Pfefferkuchen, Bier und Branntwein verkauft wird.

Hier versammeln sich nun die gemeinen Russen, singen mit ganz unbeschreiblicher Fröhlichkeit ihre russischen Nationallieder, die, von Teutschen, bei nüchternem Muthe gesungen, so matt und melancholisch klingen, und taumeln dann berauscht, aber noch immer singend, am Abend nach Haus.

Dieses Fest soll auf eine ehemalige große Theurung Bezug haben, wo Riga sich sehr in Noth oder in Hunger und Kummer befand. Vielleicht bezieht es sich auf die Belagerung, die Riga 1710 auszustehen hatte, bei welcher an 60,000 Menschen, theils durch die Pest, theils durch den Hunger, theils durch die Feinde das Leben verloren haben sollen.

29.

Ein paar Worte über den rigischen Handel.

Nach St. Petersburg ist Riga unstreitig die zweite See- und Handelsstadt des russischen Reichs, so wie überhaupt der Handel an der Ostsee für Rußland der beträchtlichste ist. Es laufen zwar in St. Petersburg jährlich nicht mehrere Schiffe ein als in Riga, ja, in manchen Jahren noch weit weniger, aber die Ausfuhr und der gesammte Activ- und Passivhandel ist dort von ungleich größerem Belang als hier.

Nach St. Petersburg kamen		und nach Riga
im Jahr	Schiffe	Schiffe
1781	783	889
1784	890	1085
1785	679	842
1786	856	699

Aber die Ausfuhr betrug

im Jahr	zu St. Peterb.	und zu Riga
1781	12,954,440 R.	3,696,775 R.
1784	12,941,513 R.	6,392,422 R.
1785	13,497,645 R.	5,239,484 R.
1786	13,360,011 R.	4,484,726 R.

Die Einfuhr beträgt in St. Petersburg beinahe eben so viel als die Ausfuhr, weil der Werth der eingeführten Waaren von den Kaufleuten am Zollamte immer höher angegeben zu werden pflegt, als er eigentlich ist. Denn wenn den Zollbedienten der angegebene Werth zu gering scheint, so haben sie das Recht, von dem Kaufmann zu verlangen, daß er ihnen die Waaren für den angesezten Preiß und einige

Prozente Profit überlasse. In Riga beträgt aber, selbst nach den Angaben der Zollisten, die Einfuhr nur ein Drittel des gesammten Activ- und Passivhandels zur See. *).

Am blühendsten war der rigische Handel zur Zeit des amerikanischen Kriegs. Seit der Zeit ist er etwas herabgekommen, aber doch noch immer ansehnlich.

*) Die Einfuhr besteht größtentheils in Salz, Kaffee, Zucker, Tobak, Apothekerwaaren, Tüchern, Seidenzeugen, Oel, Heringen u. d. gl. Die Ausfuhr aber in Rocken, Leinsaat, Flachs, Hanf, Balken, Masten, Häuten, Matten, Eisen, Kupfer, Getreide u. s. w. Besser wäre es für Rußland, wenn es Menschen genug hätte, die das Getreide, was im Lande wächst, selbst aufzehren könnten. Trotz des Schleichhandels, und trotz dessen, daß der russische Seehandel mehr passiv als activ ist, indem die Russen nur wenige ihrer Producte selbst verführen, hat Rußland doch die Oberbilanz sogar gegen England. Zu Lande aber gegen Preußen und Polen muß es die Bilanz bezahlen; indem die Einfuhr bei diesem Handel sich auf den Werth von zwei Million Rubel beläuft, die Ausfuhr hingegen nur 500,000 Rubel beträgt.

Das Verbot der einzuführenden Waaren, davon sich ein alphabetisches Verzeichniß im Hamburger Correspondenten vom Monat März 1793 befindet, erstrekt sich auf alle nur ersinnliche Artikel. Die Absicht ist offenbar die, die inländischen Fabriken und Manufacturen in Aufnahme zu bringen, und folglich mehr Geld im Lande zu behalten. Die Russen werden auch wahrscheinlich noch so weit kommen, aber jezt sind sie zuverlässig noch nicht im Stande, es den Ausländern in diesem Punkte gleich zu thun. Der Franzbrantwein ist für die Apotheken nothwendig, in Rußland aber nicht in der Güte zu haben, in der man ihn aus Frankreich bekommt. Unter dem obengenannten Verzeichniß der verbotenen Waaren befinden sich unter andern auch Samki oder Schlösser. Ein Kaufmann versicherte mir, daß er sich etliche hundert Vorlegschlößchen aus einer russischen Fabrik habe kommen lassen, daß aber, nur beim Probieren, von jedem Hundert an zwanzig hätten weggeworfen werden müssen. Auch im Drahtziehen sind die Russen noch zur Zeit sehr zurük.

Durch dieses Verbot, und durch den nunmehr unterbrochenen französischen Handel, hat hauptsächlich der rigische Handel gelitten.

Anfangs wurde dieses Verbot sogar einigermaßen aufs Präteritum gezogen, denn es sollte den Kaufleuten auch die bereits aus der Fremde empfangenen Waaren nur bis auf einen gewissen Termin zu verkaufen erlaubt seyn. Die Moskauer murrten heftig dagegen, und bewiesen, daß dadurch für sie ein Schade erwachsen würde, den selbst die Krone ihnen zu vergüten nicht im Stande wäre. Nun schränkte man in Moskau das Verbot nur auf die ferner einzuführenden fremden Waaren ein, und schob in Riga den Termin, innerhalb dessen die schon eingeführten fremden Waaren verkauft werden durften, noch auf eine längere Zeit hinaus. So konnten in Rußland schon manche Verordnungen nicht durchgesezt werden, weil sich die Moskauer dagegen sperrten; und es muß daher für die rufsischen Minister eine der angelegentlichsten Pflichten seyn, ehe ein allgemeines Gesez gegeben wird, vorher unterm Volke die Mehrheit der Stimmen nach einem wahrscheinlichen Calcul zu belauschen oder zu berechnen; um nicht in den unangenehmen Fall zu kommen, eine Verordnung widerrufen zu müssen; denn dadurch verlernt das Volk, wie Montesquieu sagt, quelle chose sacrée est ce qu'une loix. Und wenn es das verlernt, dann — — —

Mit der entdekten Contrebande wird zuweilen barbarisch verfahren; so weiß ich, daß man einige Fässer Franzbrantwein in die Düna laufen ließ, und eine ziemliche Anzahl Bouteillen Champagner an der Wand zerschmetterte. Der Contrebandier muß gestraft, und die verbotenen Waaren müssen confiscirt werden; dagegen ist nichts zu erinnern. Aber ließe sich wohl von gescheuten Leuten kein Mittel ausdenken, von den confiscirten Waaren noch einen wohlthätigen Gebrauch für den

Staat zu machen? Sollte man damit arme Personen nicht unterstützen, und Kranke, Hülfsbedürftige nicht erquikken können, ohne ~~dadurch einen Fehler~~ gegen die Commerzpolitik zu begehen?

„Die Handlung," sagte einst Peter der „Große, „ist in Rußland noch eine Siecke Bruyt; „d. h. ein krankes Frauenzimmer, das man „weder schrekken noch mit Strenge niederschla„gen, sondern vielmehr flattiren, mit Liebko„sungen aufrichten und freundlich anlokken „muß." Freilich haben sich seitdem die Zeiten vortheilhaft geändert, aber so ganz unpassend auf Rußland ist Peters Ausspruch doch noch nicht geworden.

Eine nachtheilige Ausnahme ist für den rigischen Kaufmann die, daß er seinen Zoll in Albertsthalern *) bezahlen muß, da er in ganz

---

*) Die Albertsthaler werden wie Waare betrachtet, und jährlich in großer Menge, vorzüglich von den Holländern, nach Riga gebracht.

Rußland mit ruffifchen Münzen, ja fogar in Bancoaffignaten entrichtet werden darf. Dieß macht einen ziemlichen Unterfchied. Denn der Albertsthaler wird auf dem Licent nur zu 125

Im Jahr 1791 kamen z. B. 1,251,638½ Albertsthaler, und 15,927 Thaler in kleiner Münze dafelbft an. Sie wurden zuerft in den Niederlanden unter dem Erzherzog Albert von Oeftreich ausgeprägt, nachdem er fich 1598 mit der Ifabelle, der Tochter des fpanifchen Königs Philipp des Zweiten, vermählt hatte, die ihm die Niederlande als Brautfchatz mitbrachte. Sie hatten daher auch die Umfchrift: Albertus et Ifabella. Die Holländer haben in neuern Zeiten ihr Wapen darauf prägen laffen, mit einem Löwen, der in der rechten Pranke ein Schwert und in der linken 7 Pfeile hält. Diefe werden Löwenthaler genennt. Sie find um einen preuß. Grofchen fchlechter von Gehalt als die Albertsthaler, gehen aber, wenn man fie einzeln ausgiebt, mit diefen al pari. Die Albertsthaler heißen auch Kreuzthaler, weil auf ihrer umgewandten Seite ein Kreuz fteht. Die Viertelalbertsthaler nennt man Orte. Wer in Königsberg neue Albertsthaler, die, weil fie noch geändert find, etwas mehr gelten, als die alten, haben will, der bekommt, wenn er hundert haben will, nicht hundert

Kopeken gerechnet, und gilt doch im Cours gegen Banknoten 204 Kopeken. Folglich zahlt jeder rigische Kaufmann auf jeden Albertsthaler 79 Kopeken mehr, als der Kaufmann in andern Städten Rußlands, z. B. in Reval, der seinen Zoll in Bancoassignaten entrichten darf. Zudem werden die Albertsthaler auf dem Licent noch gewogen, so daß deren vierzehn immer genau ein Pfund gemünztes Silber ausmachen müssen. Ein Pfund gemünztes Silber aber gilt 17 Rubel $6\frac{2}{3}$ Kopeken. Diese Albertsthaler, sagt man, werden in St. Petersburg zu Rubeln umgeschmolzen.

In Riga kann jeder Handlung treiben, der sich in einer der drei Gilden befindet, in welche die Bürger sich nach ihrem wahren oder angeblichen Vermögen klassificiren, und es kann sich in diese Gilden einschreiben lassen, wer da

neue, sondern nur neunzig neue und zehn alte dazu. Dafür nimmt man auch neunzig neue + 10 alte Thaler immer für hundert neue Thaler in Zahlungen wieder an.

will, wenn er nur im Stande ist Ein Procent jährlich von dem Vermögen zu entrichten, was er angegeben hat. In die erste Gilde werden alle Personen eingeschrieben, die über zehn bis funfzigtausend Rubel, und in die dritte diejenigen, die über tausend bis fünftausend Rubel Capital angeben. Der ersten Gilde wird erlaubt Fabriken anzulegen, allerhand Seeschiffe und Fahrzeuge zu besitzen, und in der Stadt in einer Kutsche mit zwei Pferden zu fahren. Der dritten Gilde aber ist nur erlaubt, auf dem Lande Kleinhandel zu treiben; allerhand Werkstühle und Manufacturen, wie auch kleine Flußfahrzeuge zu besitzen; hingegen ist derselben verboten, in der Stadt in einer Kutsche zu fahren, und weder Winters noch Sommers mehr als ein Pferd vorzuspannen. Diese Einrichtung ist erst seit 1785 durch die russische Stadtordnung getroffen worden, und die teutschen Kaufleute, in deren Händen sich von unvordenklichen Zeiten her der Handel allein befunden hatte, konnten nunmehr nicht umhin; densel ben mit den Russen zu theilen, die in Riga mit jedem Jahre zahlreicher werden. Dadurch vermindert sich die Zahl der Kaufleute und die Zahl der Krämer wird vermehrt.

Außer der Stadt vor der Carlspforte befinden sich 94 russische Buden in einer Reihe, wo Jahr aus Jahr ein allerlei inländische Fabrik- und Manufacturwaaren zu bekommen sind. Die Russen haben die jüdische Gewohnheit, sehr viel für die Waaren zu fordern, und sie doch am Ende sehr wohlfeil zu lassen.

Im Jahr 1783 wurde zu Riga eine Seeassecuranzcompagnie gestiftet, deren Fond über 100,000 Albertsthaler betrug; sie ist aber 1787 schon wieder eingegangen.

Vormittags von 10 bis 12 versammeln sich die Kaufleute in Riga auf der Börse, oder vielmehr auf dem Markt vor der Börse. Sie ist schön und geräumig. Ein Fremder kann nicht begreifen, warum die Kaufleute, auch bei regenhaftem Wetter, doch lieber unter freiem Himmel auf und ab spazieren, als in die Börse gehen, von der sie nur einige Schritte entfernt sind. Die Worte sollen aber in diesem Saale zu sehr wiederhallen, und dieß ist der Grund, warum die Börse von dem rigischen Kaufmann so angesehen wird, als wenn sie gar nicht da wäre.

Im Jahr 1794 wurden von der Statthalterschaftsregierung die Reverse abgeschaft, die schon seit vielen Jahren unter der rigischen Kaufmannschaft im Gange waren, und die Stelle der contanten Bezahlung vertraten. Sie lauteten daher auch, nach Präsentation oder Extradirung sogleich zu zahlen, und gereichten in mancher Rükficht zur Bequemlichkeit und Erleichterung des Handels. Der Schuldner konnte auch fremde Reverse anbieten, aber sie dem Gläubiger nicht aufdringen. Wessen Reverse daher nicht angenommen wurden, durfte sich dadurch nicht beleidigt halten. Auch war verordnet, um aller Stagnation in den wechselseitigen Auszahlungen zuvorzukommen, daß die Schuldner wenigstens die Hälfte der Waaren a contant mit barem Gelde und die andere Hälfte mit gutem Papier bezahlen sollten. Wenn aber die bare Bezahlung der Reverse durchaus gefordert wurde, so mußte der Schuldner gleich auf die erste Citation, im Fall er sie gutwillig zu leisten sich weigerte, erscheinen, und nach geschehener Recognition bei Strafe der schleunigsten Execution, noch denselben Tag seinen Gläubiger befriedigen, oder sich auspfänden, und in Ermanglung eines hinlänglichen Pfandes, sich in Verhaft nehmen lassen. Erschien er aber nicht auf die an ihn erlassene Citation, so wurden die Reverse in contumaciam pro recognitis erkannt, und auf dieselbe Art, wie eben gesagt, verfahren. So bequem diese Einrichtung scheint, so hörte ich doch selbst oft darüber klagen, und wahrscheinlich würden die Reverse nicht abgeschaft worden seyn, wenn nicht große Mißbräuche sich dabei eingeschlichen hätten.

30.

Justizwesen und Polizei in Riga.

In Riga gelten verschiedene Rechte; erstens, die alten Statuten der Stadt Riga, in vier Büchern; dann die liefländische Landesordnung von 1705, das schwedische Land- und Stadt-recht von 1709; drittens die russischen Rechte, als die Wechselordnung von 1726, die Gouvernements Verordnungen von 1717, die russisch-kaiserliche Ordnung der Handelsschifffahrt 2 Theile, von 1781 und 1782, die russisch-kaiserliche Polizeiordnung von 1782, die Stadt-ordnung von 1785, und endlich das römische Recht. Außerdem sind aber noch eine Menge Ukasen vorhanden, die selbst Geschäftsmännern unmöglich alle bekannt seyn können.

Die russischen Gesetze athmen ganz den Geist ihrer erhabenen Verfasserin; sie sind milde und überdacht. Ein besonderes Gericht, das man in andern Ländern, wenigstens unter diesem

Namen nicht findet, ist das Gewissensgericht oder das Gericht der Billigkeit. Die Monarchin drükt sich so darüber aus: "da "die persönliche Sicherheit eines jeden getreuen "Unterthans Unserm menschenfreund= "lichen kaiserlichen Herzen sehr theuer "und werth ist, und um also denen, die zu= "weilen, vornehmlich durch einen unglüklichen "Zufall, oder durch den Lauf verschiedener "Umstände leiden, die ihr Schiksal weit über "das Verhältniß ihrer Thaten erschweren, hülfs= "reiche Hand zu bieten: haben Wir für gut "befunden, in jeder Statthalterschaft ein be= "sonderes Gericht, unter dem Namen des Ge= "wissengerichts allergnädigst zu errichten."

Dieses Gericht richtet, so wie alle andere Gerichte, nach den Gesetzen; seine besondern Regeln sollen aber in allen Fällen folgende seyn: 1) allgemeine Menschenliebe; 2) Achtung für die Person des Nächsten als eines Menschen, und 3) Abneigung von aller Kränkung und

Bedrängnissen der Menschheit. Es mischt sich nie aus eigner Bewegung in irgend eine Sache, sondern nimmt sich einer Sache nur an, entweder auf Befehl der Regierung, oder auf Communication eines andern Gerichtsorts, oder auf Klage und Bitte. Alles soll dabei schiedlich und friedlich verhandelt werden.

Die Idee ist vortreflich und macht dem kaiserlichen Herzen Ehre. Wo aber alle Richter das sind, was sie seyn sollen, ist das Gewissensgericht überflüssig, und wo sie es nicht sind, kann bei dieser schönen Anstalt dennoch die wohlthätige Absicht der Kaiserin verfehlt werden, wenn z. B. klare und auf deutliche Verschreibungen u. d. gl. beruhende Sachen an das Gewissensgericht verwiesen werden. Denn wo eine Partei offenbar Recht hat, ist jeder Vergleich ungerecht.

Das mündliche Gericht (Slowesnoi Sud) rührt von der Kaiserin Elisabeth her, und es gehören vor dasselbe alle unter Kaufleuten, Bürgern oder andern Privatpersonen wegen Schuldforderungen entstandene Streitigkeiten, die hier mündlich angebracht und mündlich geschlichtet werden. Die Advokaten, die ihre Sache verfechten zu können glauben, machen sich zur Regel, wenn sie vor dieses Gericht gefordert werden, dem Richter immer zu antworten, „ich lasse mich auf gar nichts ein" um demselben keine Gelegenheit zu geben, sie bei irgend einem andern Worte fest zu halten, und einen Vergleich zu stiften.

Das zweite Buch der rigischen Statuten enthält eine Art von Prozeßordnung, zu der man auch noch die schwedische Stadga, zur Verkürzung und Linderung der Weitläuftigkeiten in den Rechtsprozessen, gegeben zu Stokholm 1695, rechnen kann. Die Statuten enthalten übrigens manche veraltete teutsche Wörter, von denen ich einige den Liebhabern der teutschen Sprache zu Gefallen anführen will;

Ansprache, Klage.

Erdvesteigen Gut, unbewegliches Gut.

Erstreckung, Dilation.

Friedlos, vogelfrei.

Heimuth, Heimlichkeit, oder Geheimniß.

Hinter seinen Schlüssel bergen, verheimlichen.

Kummer, Verhaft oder Arrest.

Kümmerer, Arrestant, d. h. der den andern in Arrest setzen läßt.

Bekümmerte, der in Arrest gesetzt wird.

Oberspiel, Ehebruch.

Urtheilsqual, widerrechtlicher und unbescheidener Tadel des richterlichen Urtheils.

Das Urtheil quälen, es unbescheiden tadeln.

Uflagen, Verbalinjurien.

Urgicht, Bekenntniß.

Vereinbarung, Vertrag.

Vorstand zur Fußhaltung, cautio de sistendo.

Wiederweisung; Zurückschiebung des Eides.

Der Prozeß kommt zwar in der Hauptsache mit dem teutschen überein; er ist aber nicht mit so unnützem und schädlichem Wust überladen, nicht so römisch-gothisch und polntiniös, und also auch nicht so geschikt zur Chikane. Die Hauptperson in jedem Gericht ist im Grunde der Secretair; dieser muß studiert haben; von den Richtern fordert man blos gesunden Verstand, Unverdrossenheit und Wärme für die Erfüllung ihrer Pflichten. Wenn daher aus dem römischen Recht Gesetze angeführt werden, so muß denselben die teutsche Übersetzung zum Verständniß der Richter beigefügt werden. Autoritäten aber, z. B. Stryk, Leyser, Wernher u. d. gl. sind bei Strafe in den Schriften anzuführen verboten. Die Sekretaire bei den Kronsgerichten werden schlecht besoldet, die Advokaten aber werden von den Parteien um so besser bezahlt.

Die höchste Instanz ist in St. Petersburg *) bei dem Senat. Daher müssen die Acten

*) Da St. Petersburg den Namen von dem heiligen Apostel Petrus, nicht aber von seinem Er-

der ersten und zweiten Instanz, ehe sie nach St. Petersburg abgehen, vorher ins Russische übersezt werden. Hiezu sind bei den Gerichten eigene Personen angestellt, die den Titel Translateurs führen.

Die Schriften, die in den Gerichten eingereicht werden, müssen auf Stempelpapier geschrieben seyn; davon der wohlfeilste Bogen zehn Kopeken kostet.

Seit 1787 müssen bei dem Verkauf eines jeden unbeweglichen Gutes fünf Prozent Poschlin (Zoll) entweder vom Käufer oder vom Verkäufer an die Krone entrichtet werden. Dieß vertheuert die Güter außerordentlich. Man weiß sich zu helfen, und schließt nun statt Kaufcontracten Pfandcontracte auf zwanzig, funfzig und mehrere Jahre, ohne dabei etwas anders zu thun, als die Terminologie zu verändern, so daß jeder Sachverständige sogleich

---

bauer Peter dem Ersten hat, so sollte man auch St. Petersburg, nicht Petersburg schlechthin, sagen und schreiben.

die wahre Beschaffenheit erkennen kann, da beide Contracte sich wesentlich von einander unterscheiden.

Die Polizei in Riga ist eben nicht schlecht, aber sie muß doch verborgene Realgebrechen haben, da fast keine Woche vergeht, in der nicht mehrere und oft sehr kühne Diebstähle verübt werden, die man jedesmal im rigischen Intelligenzblatt angezeiget findet.

Die menschenfreundliche Kaiserin hat in der Instruction zur Verfertigung eines neuen Gesezbuches (§. 123) den Grundsatz aufgestellt: „der Gebrauch der Tortur ist „der gesunden Vernunft zuwider; die Mensch„lichkeit selbst schreiet dawider, und fordert, „daß sie ganz abgeschaft werde." Dieß ist in Rußland auch geschehen. Der gemeine schlechte Mensch aber, der dieses weiß, und nun nicht fürchten darf, durch Peitschenhiebe zum Geständniß gezwungen zu werden, stiehlt um so zuversichtlicher, und leugnet, wenn er eingezogen wird, um so standhafter, weil dieses für ihn die beste Art ist, bald aus der Sache zu kommen. Behält man ihn lang in Verhaft, so muß man ihn lang füttern, und dabei verliert ein solcher Kerl nichts.

Beschweren sich zuweilen Privatpersonen, die bestohlen worden sind, bei der Polizei, so erhalten sie da zum Troste, den, übrigens sehr guten, Rath, „ihre Sachen inskünftige besser zu verschließen."

31.

Jebionamat!

Nach einer erst vor kurzem erschienenen Ukase sollen alle Teutsche, die in Rußland befördert zu werden wünschen, die russische Sprache lernen. Ich kenne keine billigere und vernünftigere Forderung. In Riga wird sie bereits sehr häufig, auch sogar von teutschen Frauenzimmern gesprochen. Sie fällt sehr gut ins Ohr, und ich glaube kein Midas-Urtheil zu

fällen, wenn ich behaupte, daß ſie an Wohl‑
klang die Engliſche bei weitem übertrift. Sie
iſt reich an Ausdrükken, Wörtern und Wen‑
dungen, und ſchmiegt ſich gleichſam an die
Ideen und Empfindungen, die ſie darſtellen
ſoll. Die ruſſiſche Akademie zu St. Peters‑
burg macht ſich es mit zum Hauptgeſchäfte, die
ruſſiſche Sprache auf feſte Regeln zurük zu brin‑
gen, und ſie von allen fremden Wörtern, die ſie
wegen ihres urſprünglichen Slavoniſchen Reich‑
thums eher als irgend eine andere Sprache
entrathen kann, zu reinigen. Da in St. Pe‑
tersburg viel Teutſch geſprochen wird, ſo ha‑
ben ſich in die ruſſiſche Sprache beſonders viele
teutſche Wörter eingeſchlichen, z. B. das teut‑
ſche Wort Trauer iſt, wie Hupel *) ſagt,
auch in die Sprache der feinern Lebensart auf‑

*) Hupel iſt Prediger in Liefland. In ſeinen nor‑
diſchen Miſcellaneen, in ſeinen topographiſchen
Nachrichten von Lief‑ und Ehſtland, in ſeiner
gegenwärtigen Verfaſſung der rigiſchen und re‑
valſchen Statthalterſchaft, hat er mit äußer‑

X

genommen. Sonderbar ist es, daß in ganz Rußland ein Teutscher Schmerz genannt wird. Zwar geschieht das nur scherzweise, aber doch ist dieses Scherzwort allgemein in dieser Bedeutung bekannt. Die russische Sprache hat 38 Buchstaben. Man findet zwar außer diesen noch vier oder fünf, die aber nicht in der gemeinen Büchersprache im Gebrauch sind, sondern nur in alten Gebetbüchern vorkommen. Manche, ja, man kann sagen, die meisten dieser Buchstaben sind aus der griechischen Sprache entlehnt. Die verdoppelten Consonanten, die in der Aussprache doch nur einfach gehört werden, drükken die Russen auch nur durch Einen Buchstaben, und nicht wie die Teutschen, durch zwei oder mehrere Buchstaben aus, z. B. das ch, sch, schtsch, tsch;

ordentlichem Fleiße alles zusammen getragen — was man zum Lobe Rußlands nur immer sagen kann. Wie weit interessanter, als diese corpulenten Werke, müßte aber ein Oktavbändchen über Rußland von diesem Manne werden, wenn er dasselbe in Teutschland schreiben könnte!

pb, pf. Sie haben wahre Schibolete in ihrer Sprache, deren richtige Aussprache, von Fremden, die nicht von Jugend auf ihre Organe dazu gewöhnt haben, vielleicht gar nicht erlernt werden kann, z. B. die Aussprache des ja und ju in menja, meine, und Ljublju, ich liebe. In ihren Conjugationen haben sie 10 tempora. Wer über den Gebrauch der temporum in der teutschen und lateinischen Sprache etwas nachgedacht hat, der wird keinen Beweis verlangen, daß dieser Umstand die Erlernung der russischen Sprache außerordentlich erschweren müsse. So haben sie auch einen dreifachen Infinitivus und Imperativus.

Die Russen nennen sich unter einander nicht mit ihrem Geschlechtsnamen, sondern mit ihrem Taufnamen, und mit dem Taufnamen ihres Vaters. Heißt z. B. der Vater Michael, und der Sohn Johann; so wird dieser Iwan Michailowitsch genannt. Dieses witsch, das hinten angehängt wird, heißt so viel als Sohn. Doch bedient man sich dessen nur bei vornehmern Personen, bei gemeinen Leuten wird statt der Sylbe witsch, das Wort Sün'n oder Sohn zu dem Taufnamen des Vaters gesezt.

So drükt auch in der griechischen Sprache die Endsylbe ides die Idee Sohn aus, z. B. Atrides, Sohn des Atreus; und fast nach derselben Analogie heißt Ptolemäus Lagi (nicht Lagus) so viel als Ptolemäus der Sohn des Lagus.

Der Nationalfluch der Russen ist Jebenämat, oder wie es eigentlich ausgesprochen werden muß, Jebionämat. Er heißt, am gelindesten ausgedrükt, „deine Mutter ist eine H***." Diesen Fluch führen die gemeinen Russen fast bei jeder Gelegenheit in dem Munde, ohne mehr daran zu denken, was er heißt. Man möchte beinahe von diesem Jebionämat sagen, was Beaumarchais von dem God dam! der Engländer gesagt hat; on sait bien que les Anglois mettent encore dans les discours quelques mots par ci, par là; mais il n'est pas difficile de voir que God dam! est le fond de la langue.

32.

Russische Anecdoten.

In keinem europäischen Staate, außer Rußland, ist, so viel ich weiß, das Brieferbrechen Regel, sondern nur Ausnahme, wenn nämlich ganz besondere Umstände dieses an sich empörende Verfahren zu entschuldigen scheinen. Und dann muß man die Privatgeheimnisse doch immer Männern anvertrauen, auf deren Einsicht und Charakter man sich verlassen kann, und die folglich nicht gleich Feuer! rufen, wenn ein Schornstein raucht. Aber dieses Verfahren entspringt doch immer aus Furcht, so wie es auch Furcht wieder erzeugt.

I.

Ein gewisser Collegien-Assessor und Lehrer am Cadettencorps zu St. Petersburg war so unerfahren, sich vorzustellen, daß man über alles ungescheut seine Meinung sagen dürfte, wenn man dieselbe mit Gründen unterstützen könne. Diesen Irrwahn suchten ihm seine Freunde zu benehmen, und baten ihn, wenigstens über politische Gegenstände seine Zunge zu schweigen. Er that es auch, denn sonst würde er unfehlbar von der Regierung, deren Aufmerksamkeit seine Freimüthigkeit bereits auf sich gezogen hatte, etwas auf die Finger bekommen haben. Er kam dessen ungeachtet in die Falle.

Zur Zeit des lezten schwedischen Kriegs mit Rußland, wo man auch einen Bruch mit Preußen befürchtete, gab er nämlich einem aus St. Petersburg nach Preußen abreisenden Kaufmann einen Brief an einen seiner dortigen Freunde mit, worin er unter andern demselben im Vorbeigehen sagte, „daß jezt wegen des „ausgebrochenen Kriegs die Lebensmittel in der „Hauptstadt sehr theuer geworden wären."

Man mußte etwas von dieser Verrätherei gemerkt haben. Der Kaufmann, der schon mehrere Werste von St. Petersburg entfernt war, wurde durch Kosaken, die gewöhnlichen Helfershelfer der Polizei in Rußland, eingeholt, und ihm bedeutet, daß er straks nach der Hauptstadt in sein altes Logis zurückkehren sollte; sie würden ihn nicht aus den Augen verlieren, und ihm ganz in der Stille von weitem nachfolgen.

Kaum war er daselbst angekommen, so wurden seine Koffer von der Polizei geöffnet, der Brief des Collegien-Assessors gefunden, und dem Gouverneur B... überbracht.

Dieser ließ den armen Collegien-Assessor auf der Stelle zu sich rufen. Als er kam, fragte ihn der Gouverneur in einem feierlichen Tone; ob er dem Kaufmann N. einen Brief mitgegeben habe? ob der Brief, den er ihm jetzt zeigte, der seinige wäre?

Als er nun diese und noch andere Fragen mit Ja! beantwortet hatte, befahl ihm der Gouverneur, den Brief laut vorzulesen.

An einem Nebentischchen saß ein Mensch, der unterdessen die ganze Unterredung zu Protokoll brachte.

Als jener nun den Brief zu Ende gelesen hatte, fuhr ihn der Gouverneur an: "ob er "wohl wisse, was er geschrieben habe? ob er "sich seines Undanks nicht schäme? denn der "schändlichste Undank wäre es, daß er, der "schon seit zwanzig Jahren sein gutes Aus= "kommen in Rußland gefunden hätte, sich "nun nicht entblödete, gegen die Feinde Ruß= "lands über Theurung zu klagen. Er müsse "jezt augenbliklich seiner Monarchin davon "Rapport abstatten; bis er wieder käme solle "er nicht aus der Stube gehen."

Nach vier peinlichen Stunden kam der Gou= verneur endlich von der Kaiserin, mit der Ver= fügung zurük; "daß, obgleich der bisherige "Collegien=Assessor N. sich durch seinen Brief "sehr straffällig gemacht habe: so wolle Ihro "kaiserliche Majestät ihm doch verzeihen, in= "dem sie glaube, daß dabei mehr Dummheit "als Bosheit zum Grunde läge. Weil er "aber doch über die Theurung in St. Peters= "burg geklagt habe, so solle er in zweimal

„vier und zwanzig Stunden diese Stadt ver-
„lassen, und mit Beibehaltung seines Gehalts
„als Schullehrer sofort nach Casan ziehen,
„wo er es wohlfeiler finden würde.

II.

Ein russischer Offizier gab in St. Petersburg einem Chirurgus, der nach Hamburg reiste, Geld mit, um ihm dafür mathematische Instrumente zu kaufen und nach Petersburg zu schikken. Sie blieben dem Offizier zu lange aus, und er schrieb daher an den Chirurgus zur Erinnerung, daß er ihm die bewußten Instrumente doch bald schikken möchte. Der Brief wurde, wie gewöhnlich, auf der Post erbrochen, der Ausdruk, „die bewußten Instrumente" erregte den Verdacht, daß wohl darunter Instrumente zum Nachmachen der Bancoassignaten verstanden seyn könnten, und sogleich wurde der Offizier geschlossen und in Arrest gesezt. Dieser Vorfall ereignete sich erst im Jahr 1794. Der Ausgang ist mir nicht bekannt geworden.

III.

Zum Beweise, wie gelinde die Kaiserin auch gegen Verbrecher verfährt, mag folgende Anecdote dienen.

Ein Candidat aus Teutschland war so glücklich, welches ein besonderes Zutrauen anzeigt, bei dem Departement des affaires étrangeres in St. Petersburg angestellt zu werden, und auch den Hofrathstitel und Wladimirs Orden zu erhalten. Er pflegte auf einem sehr hohen Fuß zu leben, und gleichwohl hatte er nur 900 Rubel fixes Gehalt. Da er übrigens sein Geld verschwendete, ohne sich mit dem ungerechten Mammon Freunde zu machen, so war es wohl sehr natürlich, daß man ihm auf die Finger sah.

Nun fand es sich wirklich, daß dieser Mensch die große Niederträchtigkeit beging, mit den Courieren, die er abzufertigen hatte, zugleich auch verschiedenen auswärtigen Höfen geheime Nachrichten von Rußland zukommen und sich besonders dafür bezahlen zu lassen.

Dieser Umstand hätte ihn freilich zum Zobelfänger nach Sibirien qualifizirt; allein die Kaiserin machte ihn dafür zum Schuldirector in Pensa mit Beibehaltung seines Gehalts, und mit dem Zusatze, daß er von dort nur immerhin ins Ausland schreiben möchte, so viel er wolle; dieß würde sehr gut seyn.

IV.

In den neuern Zeiten hat auch die Jacobinerriecherei in Rußland sehr über Hand genommen. Eine verzweifelte Krankheit! Es fehlt daher in Rußland auch nicht an Mouchards, Schnieflern, und très-humbles valets, die aber, bei ihrem besten Willen, noch den Triumph nicht gehabt haben, einen wahren Scävolisten oder Tyranniciden von Profession auszuspüren.

In manchen Ländern schien man wirklich eine Zeitlang in allem Ernste zu glauben, daß die Jacobiner den gesammten Alleinherrschern Europa's den Tod geschworen, und einmüthig beschlossen hätten, wenn es ihnen auch nicht gelänge, durch die Verbreitung ihrer Grundsätze die Monarchien auszurotten, doch durch ihre Emissarien wenigstens die Monarchen aus der Welt schaffen zu lassen. Ganz neu war diese teuflische Idee nicht; denn schon im Mittelalter machten sich's die Assassiner recht eigentlich zum Geschäfte, die Fürsten der Christen umzubringen. Dieses Völkchen wohnte — glauben meine Leser nicht, daß ich ein Märchen erzähle! — in der Gegend von Tyrus und um den Berg Libanon herum; sie hatten zehn bis zwölf Städte unter sich, und einen König, den sie den Ältesten vom Gebirg (de la Montagne) nannten. In einem gewissen Schlosse zwischen Antiochia und Damasus unterrichteten sie ihre Jünglinge in der feinen Kunst der Assassinie. Papst Innocentius der Vierte excommunicirte sie 1245 auf der Kirchenversammlung zu Lion, worüber sie sich aber nicht sehr betrübten. Die Tatarn verstanden das Ding besser. Sie überzogen sie mit Krieg, überwanden sie 1257, tödteten ihren Ältesten vom Gebirg und machten den Überrest zu Sklaven.

Doch, ich wollte ja eine russische Anecdote erzählen.

Im Winter 1793 reiste ein gewisser Baßsänger, Namens Wunder, in Gesellschaft eines Waldhornisten aus Warschau, nach Riga, um von da nach St. Petersburg zu gehen. Die Polizei erhielt Befehl, es nicht abzuwarten, bis sie nach Riga kämen, sondern sie schon einige Werste vor Riga durch Kosaken in Empfang nehmen und gefangen nach Riga eskortiren zu lassen. Dieß geschah auch. Der Grund war, weil sie ein schlechter Mensch im voraus als die eingefleischtesten Jacobiner denuncirt hatte.

Natürlich wurden sie nun aufs genauste untersucht. Man fand außer einigen weißen Pulvern nichts verdächtiges; an diesen aber glaubte man das wahre Corpus delicti entdekt zu haben. Man stattete augenbliklich von diesem Funde der Kaiserin Bericht ab. Die Monarchin befahl mit der Untersuchung aufs strengste fortzufahren, und die Pulver durch den Kronsapotheker in Riga chemisch auf ihre Bestandtheile zurükzuführen zu lassen. Es waren Temperirpulver!

Nachdem nun auf diese Art die vermeinten Jacobiner drei Wochen in Arrest gesessen hatten, wurden sie wieder auf freien Fuß gesezt, und die Kosten, weil die Sache doch einer Untersuchung bedurfte, compensirt. Doch wurden sie vom rigischen Publikum, als sie bald darauf zwei Conzerte gaben, vollkommen schadlos gehalten.

V.

Mit Schüchternheit erzähle ich nun eine Anecdote, von der ich zwar am besten sprechen, aber noch immer eine gewisse bittere Empfindung nicht unterdrükken kann, die sich stets in die Erinnerung an einen der unangenehmsten Vorfälle meines Lebens mischen wird.

Meine Leser wissen schon, daß ich nach Rußland reisen wollte, um dort in Civildienste zu treten. Ich blieb in Riga, und es ist wohl nicht schwer zu errathen, was mich zu diesem Entschluß bestimmte. Nachdem ich mich ungefähr ein Vierteljahr lang mit der dasigen Gerichtsverfassung und mit den Landesgesetzen bekannt zu machen gesucht hatte, meldete ich mich um die Advocatur, weil ich für den ersten Anfang keinen andern Weg für mich offen sah. Da ich gute Documente aufweisen konnte und verschiedene biedere und angesehene Männer zu Freunden hatte, so fand ich nicht die geringste Hinderniß meinen Zwek zu erreichen, und ich wurde förmlich in Riga als Sachwalter angestellt und vereidet *).

*) Im Eid heißt es unter andern: Ich ꝛc. schwöre, daß ich will und soll Ihro kaiserl. Majestät, meiner allergnädigsten großen Frau und Kaiserin Catharina Alexjewna, der Selbstherrscherin aller Reußen und Ihro kaiserl. Majestät allergeliebtesten Sohne dem Herrn Cesarewitsch und Großfürsten Paul Petrowitsch, als recht-

Ich hatte allen Grund mir auf eine angenehme Zukunft in Riga Rechnung zu machen, als auf einmal ein böser Dämon dem Grafen B*****, einem jungen und reichen Cavalier in Riga, eingab, mich für einen Jacobiner zu halten. Ob er nun gleich nicht den geringsten Grund zu einer solchen Vermuthung haben konnte, da ich an ihn empfohlen war, ihn verschiedene Mal besucht hatte, und selbst von ihm mit einem Besuch beehrt worden war, so stieg doch diese Vermuthung in ihm schnell zur Wahrscheinlichkeit, und die Wahrscheinlichkeit eben so schnell zur Gewißheit.

Unbegreiflich schien es mir, als ich zum erstenmal hörte, daß der Graf B*** allenthalben versicherte, daß ich ein Jacobiner, und höchst wahrscheinlich nur deßwegen Sachwalter

mäßigen Erben des Throns aller Reußen treu und redlich dienen, und in allen Stücken unterwürfig seyn, ohne meines Lebens selbst bis zum letzten Blutstropfen zu schonen ꝛc. ꝛc.

in Riga geworden wäre, um die Kaiserin bei St. Petersburg zu ermorden.

Ich schrieb ihm darauf ein Billet, worin ich ihn bat, diesem Jacobinischen Gerücht, das irgend ein leichtfertiger Mensch von mir ausgesprengt haben möchte, bei der ersten besten Gelegenheit zu widersprechen, was er, wegen seines gesezten und edeln Charakters, auch wohl ohne meine Bitte schwerlich würde unterlassen haben; auch bäte ich ihn mir zu erlauben, da ich das Glük hätte, an ihn empfohlen zu seyn, mich überall dreist auf ihn berufen zu dürfen, weil das Ansehen eines Mannes von seinem Stande für's erste die beste und kürzeste Widerlegung eines jeden für mich nachtheiligen Gerüchtes seyn müßte ꝛc.

Statt mir auf dieses Billet zu antworten, schien er von nun an mich für einen noch gefährlichern Menschen zu halten, und ging nicht aus, ohne ein paar Pistolen sich von seinem Bedienten nachtragen zu lassen. Er denuncirte mich auch bald darauf förmlich bei der

Regierung als einen Jacobiner, weil ein Verwandter von mir, den ich nicht einmal persönlich kenne, ja, mit dem ich nie in Briefwechsel stand, in Frankreich lebte. Die Regierung in Riga, die aus vortreflichen Männern besteht, wies ihn ab. Allein Graf B*** betrieb von nun an die Sache nur um so ernsthafter, und wandte sich mit seiner Denunciation unmittelbar nach St. Petersburg, woraus er selbst kein Geheimniß machte.

Ich blieb dabei ruhig. Denn da Graf B. seine Denunciation auf nichts stützen konnte, als auf den Umstand, daß einer meiner Verwandten in Frankreich lebte, welcher Umstand allein vernünftiger Weise keine Inquisition begründen kann, und ich wegen meines bisherigen stillen und vorsichtigen Betragens die Vermuthung für mich haben mußte, so glaubte ich, daß die schlimmste Folge, die diese Denunciation allenfalls für mich haben könnte, die seyn würde, daß die Regierung den Befehl erhielt, meine Handlungen aufs genauste zu beobachten.

Es wurde auch wirklich, von St. Petersburg aus, der Regierung in Riga aufgegeben, über mich Bericht abzustatten; allein, noch ehe dieser Bericht, der, wie mir der Herr Gouverneur von der Pahlen mündlich versicherte, ganz zu meinem Vortheil abgefaßt war, und rechtlicherweise auch so abgefaßt seyn mußte, in Petersburg angelangt seyn konnte, erschien in Riga, auf Betrieb des Grafen B** der unterdessen selbst nach St. Petersburg gereist war, schon die Ukase; "daß ich unge"säumt und ohne weitere Untersu"chung Riga und das russische Reich verlas"sen sollte."

Ich mußte diese Ukase für den Willen der Kaiserin erkennen, weil sie mir vor Gericht vorgezeigt wurde; allein ich gestehe, daß der hohe Begriff, den ich von der Weisheit und Gerechtigkeitsliebe der russischen Monarchin hege, mir das Gegentheil doch weit wahrscheinlicher macht.

Denn diese Monarchin sagt in der Instruction zur Verfertigung eines neuen Gesezbuches *) ausdrüklich:

„In der Türkei, wo das Vermögen, das „Leben und die Ehre der Unterthanen wenig „in Betrachtung kommen, werden alle Hän„del auf eine oder die andere Art aufs ge„schwindeste geschlichtet (§. 113)." „Hin„gegen in Staaten, da (wie z. B. in Ruß„land) eine gemäßigte Regierung eingeführt „ist, da das Leben, das Vermögen und die „Ehre des geringsten Unterthanen in Erwä„gung gezogen wird; allda wird keiner der „Ehre noch des Vermögens eher beraubt, als „nach einer langen und genauen Untersuchung der Wahrheit."

„Die Gerichtsformalitäten vermehren sich „nach dem Maße der Achtung, in welchem die „Ehre, die Güter, das Leben und die Freiheit „der Bürger stehen (§. 115).

---

*) Von diesem philosophischen Werke ist bekanntlich die Monarchin selbst Verfasserin.

„Alle Strafen, die nicht aus Nothwendig-
„keit auferlegt werden, sind tyrannisch (§. 63).

Eine Monarchin, die so denkt, kann unmöglich eine Ukase unterschrieben haben, die so lautet, wie die, die mir bekannt gemacht wurde. Aber wie ist es möglich, einen Weg zu dem Throne dieser Regentin zu finden, so bald es möglich ist, daß ohne ihr Vorwissen, (wie ich aus wahrer Ehrfurcht gegen Catharind die Zweite mich zu überreden suche,) Unterthanen, die ihr Leben selbst bis zum lezten Blutstropfen für Sie nicht zu schonen geschworen haben, auf die wegwerfendste Art, ohne die geringste Untersuchung, behandelt, und aus Ihrem Reich verstoßen werden können.

Schande war diese Strafe nun freilich nicht für mich *); denn ich fand in den lezten

---

*) Fände sich etwa ein Staat, in welchem die Schande keine Folge der Strafe wäre: so müßte solches der tyrannischen Regierung, welche ohne Unterschied den Bösewicht und den tugendhaf-

Stunden meines Aufenthalts in Riga so viel edle Theilnahme an meinem ganz unverdienten Schiksal, und erhielt so unzweideutige Beweise der wärmsten und ungeheucheltsten Freundschaft, daß ich nie anders als mit Entzükken und Schmerz an jene Stunden werde zurükdenken können.

Strafe kann aber diese Behandlung ebenfalls nicht für mich seyn, weil ich niemals ein Übel, das mich trift, für eine Strafe halten werde, so lang es mir unmöglich ist, es als eine Folge meines moralischen Betragens zu betrachten.

Ich habe mich etwas länger bei dieser Anecdote aufgehalten, nicht, weil sie mich betraf, sondern weil ich glaube, daß es Pflicht ist, dergleichen Fälle bekannt zu machen, wenn auch nur die entfernteste Wahrscheinlichkeit vorhanden ist, daß durch eine solche Bekanntma-

ten Menschen mit einerlei Strafe beleget, beigemessen werden. S. Instruct. zur Verfertigung eines neuen Gesetzbuches §. 89.

…ung Fällen ähnlicher Art könnte vorgebeugt werden. Menschenglük und Menschenruhe muß uns allen heilig seyn.

Den Grafen B. entschuldige und bemitleide ich von ganzen Herzen, denn er hat wie ein Mann gehandelt, der nicht bei Troste ist; und er war es damals auch sicher nicht. Daß er aber bis jezt, da er doch wahrscheinlich wieder bei völliger Besinnung ist, noch nicht die geringste Miene gemacht hat, mir, durch ein offnes Geständniß seines Fehlers, die einzige Genugthuung zu geben, die ich von ihm annehmen möchte, ist allerdings ein bissgen unedel.

Vielleicht geht es ihm aber wie Rousseau, der in seinen Confessions von sich sagt.*): „Ich

*) J'atteste le ciel que si je pouvais l'instant d'après retirer le mensonge qui m'excuse, et dire la vérité, qui me charge, sans me faire un nouvel affront en me retractant, je le ferai de tout mon coeur: mais la honte de me prendre ainsi en faute me retient et je me repens très - sincerement sans néanmoins l'oser reparer.

„betheure es vor Gott, daß, wenn ich einen
„Augenblik nachher die Lüge, die mich ent=
„schuldigt, zurüknehmen, und dafür die
„Wahrheit, die mich drükt, aussagen könnte,
„ohne mich durch diesen Widerruf einer neuen
„Schmach auszusetzen, ich es von Grund
„meines Herzens gern thun würde. Allein
„die Scham, mich auf diese Art bloß zu stel=
„len, hält mich zurük, und so aufrichtig auch
„meine Reue ist, so fehlt es mir doch immer
„an Muth, meinen Fehler wieder gut zu
„machen." Dieß Geständniß ist sehr auf=
richtig, aber der Genfer Philosoph hätte nur
nicht auch sagen müssen, daß niemand auftre=
ten und sagen könne: „ich bin besser als
„Rousseau!"

33.

Die Familie Biron.

Ungesäumt und ohne weitere Untersuchung verließ ich nun Riga auf allerhöchsten Befehl, und fand 45 Werste weiter an Mitau den Zufluchtsort, den meine gepreßte Brust, um frei Athem holen zu können, bedurfte.

Am 3ten Februar 1794 früh um 2 Uhr reiste ich ab, und kam um 2 Uhr den 14ten Februar in Mitau an *). Der Collegien-Assessor, der mir die Ukase gegen 12 Uhr Mittags bekannt machte, wünschte, daß ich noch an demselben Tag die Stadt verlassen möchte. Ich erhielt zwar noch Aufschub bis auf den

---

*) In ganz Rußland hat sich bis jetzt noch der julianische Kalender erhalten, der die Russen um 11 Tage hinter die übrigen Nationen, die den verbesserten gregorianischen Kalender angenommen haben, zurüksezt.

folgenden Tag, aber es wurde mir sehr eingebunden, vor der Hand diesen Vorfall in der Stadt nicht auszubreiten, und wenn es ja einige meiner Freunde erfahren sollten, denselben zu sagen, daß sie sich auf meinem Zimmer weder am Fenster sehen lassen, noch vielweniger mich bis vor's Haus begleiten sollten. Transeat cum caeteris!

Das erste, was denen, die aus Riga nach Mitau kommen, nahe vor der Stadt in die Augen springt, ist das herzogliche Schloß. Es ist mit unglaublichen Kosten von dem vorigen Herzog durch den Grafen Rostrelli ganz nach dem Modelle des kaiserlichen Schlosses in St. Petersburg erbaut worden. Im Jahr 1790 brannte ein Theil davon ab, und es scheint nicht, daß unter der jetzigen Regierung der Schade ausgebessert werden dürfte.

Der Erbauer dieses Schlosses, Ernst Johann von Biron hat sonderbare Schiksale gehabt. Vielleicht ist es meinen Lesern nicht unangenehm, wenn ich sie mit ein paar Worten erzähle, und dabei Gelegenheit nehme, das Verhältniß vermuthen zu laſſen, in welchem Kurland mit Rußland ſteht.

Es iſt ſchon oben geſagt worden, daß Kurland und Semgallen als ein Polniſch-Lithauſches Mannlehen 1561 an Gotthard von Kettler kam, der dieſe Herzogthümer gegen Liefland eintauſchte.

Der männliche Stamm dieſer Kettleriſchen Familie ging mit dem Herzog Ferdinand 1736 aus, und hat ſich alſo nur 176 Jahre erhalten. Der König von Polen, Auguſt der Zweite, wünſchte ſehr, daß noch bei Lebzeiten des Herzogs Ferdinand, ſeinem natürlichen Sohne, Moritz von Sachſen, (dem ſogenannten Maréchal de Saxe) die Nachfolge auf Kurland im voraus geſichert würde. Moritz wurde auch wirklich von den kurländiſchen Ständen 1726 gewählt; allein Rußland ſezte es mit Gewalt durch, daß die ganze Wahl für ungültig erklärt wurde, und die Republik Polen maßte ſich's an, durch eine Commiſſion die Einrichtung bestimmen zu lassen, die nach dem Absterben des Herzogs Ferdinand in Kurland getroffen werden sollte. Dieß geschah gleichwohl nicht, und als Rußland auf dem Pacificationsreichstag 1736 den kurländischen Ständen das Wahlrecht zugestand, so wählten sie 1737 den Oberkammerherrn der Kaiserin Anna Iwanowna Ernst Johann Reichsgrafen von Biron zum Herzog, dem man kurz vorher nicht einmal einen Platz auf der Ritterbank einräumen wollte. Damals hieß er auch nicht Biron, sondern Biren.

Am 28sten October 1740 starb die Kaiserin Anna Iwanowna; ernannte aber noch vor ihrem Tod Iwan, den Sohn der Prinzessin Anna, (ihrer Schwester Tochter, die mit dem Prinzen Anton Ulrich von Braunschweig Wolfenbüttel vermählt war) zum Thronfolger, und weil dieser Iwan damals erst zwei Monat alt war, den Herzog Ernst Johann von Biron zum Regenten von Rußland.

Zu dieser Ehre hatte ihm vorzüglich Graf Münnich verholfen; aber da Biron nicht für gut fand, ihm dafür die Ehre zukommen zu lassen, Generalissimus der Truppen zu Wasser und zu Lande zu werden: so war Graf Münnich auch der erste, der ihn schon drei Wochen nachher von seinem erhabenen Posten wieder herabstürzte.

Münnich bot nämlich der Prinzessin Anna, der Mutter des jungen Kaisers Iwan Antonowitsch die Hände, und brachte es dahin, daß sie selbst am 20sten November 1740 zur Regentin und Großfürstin von Rußland erklärt, und der Herzog nebst seinem ganzen Anhang nach Sibirien verwiesen wurde. Kurland fiel nun ganz in russische Hände, und durfte nicht daran denken, sich einen andern Herzog zu wählen.

Es dauerte nicht lange, so traf die Regentin Anna und den Grafen Münnich dasselbe Loos, das sie dem Regenten Biron bereitet hatten. Am 6ten December 1741 nämlich schwang sich die Prinzessin Elisabeth, die Tochter Peters des Großen, mit Beyhülfe ihres Arztes und geheimen Raths Grafen Hermann von L'Estocq aus Zelle, auf den Thron, und Anna sammt der ganzen Großfürstlichen Familie nebst dem Grafen Münnich wurden nach Sibirien gebracht.

Der junge Iwan Antonowitsch war unstreitig einer der unglücklichsten Menschen unsers Jahrhunderts. Er lebte von Jugend auf in der allerstrengsten Gefangenschaft, und endigte sein elendes Leben endlich auf die allererbärmlichste Art.

Die jetzige Kaiserin reiste nämlich im Jahr 1764 nach Liefland und Kurland. In ihrer Abwesenheit erregte ein gewisser Mirowitsch, Unterlieutenant bei dem Smolenskischen Infanterie-Regiment in Schlüsselburg einen Aufruhr, um den gefangenen Prinzen Iwan auf den Thron zu setzen. Die Kaiserin gab Ordre diesen Prinzen im Fall der Noth lieber todt zu stechen, als aus den Händen zu lassen. Und dieses leztere geschah auch, da Mirowitsch einen Versuch machte, die Thüren seines Gefängnisses zu sprengen. Doch das nur im Vorbeigehen.

Durch die Begünstigung der Kaiserin Elisabeth Petrowna, wurde Prinz Karl von Sachsen, der dritte Sohn des Königs Augusts des Dritten von Polen 1758 zum Herzog zu Kurland gewählt und 1759 feierlich belehnt. Zu seinem Unglükke aber starb diese Kaiserin 1762. Ihr folgte nun der regierende Herzog, Karl Peter Ulrich (Peter Fedrowitsch) von Holstein-Gottorp, der Enkel Peters des Großen. Dieser erlöste den alten Herzog Biron aus seiner Verbannung und würde ihn auch wahrscheinlich in sein Herzogthum wieder eingesezt haben, wenn nicht gleich in den ersten fünf Monaten nach seiner Thronbesteigung eine Verschwörung gegen ihn ausgebrochen wäre, die ihm alle Gegenwart seines ohnehin nicht sehr männlichen Geistes benahm. Er wurde förmlich von seinen eigenen Truppen angegriffen, gab sich gefangen, und starb, nachdem bereits seine Gemahlin Catharina die Zweite in St. Petersburg zur Kaiserin ausgerufen war, gleich darauf am 14ten Julius 1762 im Gefängniß an einer Angine oder Halsklemme, wie diese Krankheit sonst noch genannt wird.

Und nun wurde auch der Herzog Ernst Johann in seine Herzogthümer Kurland und Semgallen wieder eingesezt, und der Herzog Karl, der, als Biron in Mitau einzog, sich noch auf dem Schloß befand und nicht weichen wollte, mit Gewalt vertrieben*). Im Jahr 1769 erhielt der jetzige Herzog Pe-

*) Die Schrift: „Hermann Karls Reichsgrafen „von Kayserling Schreiben eines Patrioten an „seinen Bruder; über die Frage: Ob ein ab„gelegter Eid einen zu etwas verbinden könne, „was ungerecht oder gesezwidrig ist?" untersucht eigentlich die Frage: Ob die kurländische Ritterschaft, durch den an den königlichen Prinzen Karl von Sachsen abgelegten Eid, von der Verbindlichkeit sich habe losmachen können, in welcher sie durch die Wahl und Belehnung des Herzogs Ernst Johann mit diesem stand;

ter von Biron die Regierung. Er ist der Sohn des Herzogs Ernst Johann, und war, wie sein jüngerer Bruder, Prinz Karl, ebenfalls mit seinem Vater in Sibirien. Ersterer war damals 14 Jahre; lezterer 12 Jahre alt. Der Herzog hat keine männliche Descendenten; sein Bruder aber, der Prinz Karl, hat von seiner Gemahlin der Prinzessin Apollonia Poninska, einer ganz vortreflichen Dame, zwei Söhne, die in Riga unter russischer Aufsicht erzogen werden. Sie sollen sehr viel Talente und gute Eigenschaften besitzen, wie ich selbst aus dem Munde verschiedener ihrer Lehrer gehört habe. Der ältere ist erst 15 Jahre alt und soll einst Herzog werden. Wird er es, so müssen ihn Glük und Verstand unterstützen; denn es ist voraus zu sehen, daß auf den Fall des Ablebens des gegenwärtigen Herzogs durch fremde Theilnehmung und Ansprüche auf scheinbare Rechte manche Unruhen in Kurland entstehen werden. Preußen wäre dann wohl am meisten dabei interessirt, daß

daß Kurland seine alte Verfassung und seine Verbindung mit Polen behielt.

Catharina die Zweite beweist dem Herzog sehr viel nachbarliche Freundschaft. Sie unterhält beständig einen russischen Minister in Mitau. Damit der Herzog der unangenehmen Weitläuftigkeit, immer nach St. Petersburg zu schreiben, überhoben seyn möchte: so hat die Monarchin ein für allemal geäußert, daß wenn er ihr etwas zu sagen hätte, er sich nur an ihren Minister wenden möchte.

Als im April 1794 die Unruhen in Polen ein ernsthafteres Ansehen gewannen, erklärte der russische Minister auf dem Schlosse zu Mitau, daß seine Monarchin, Ihro Majestät die Kaiserin, die großmüthige Entschließung gefaßt hätte, Kurland gegen die Insurgenten zu schützen, daß sie aber dagegen auch von den Kurländern Treue und Gehorsam erwarte, widrigenfalls sie sich zu strengern Maasregeln gezwungen sehen würde.

Bald darauf erklärte ein Mitauscher Secretair auf dem Caffeehaus, er glaube nicht, daß die Polen, wenn sie das russische Joch abzuschütteln suchten, so ganz Unrecht hätten. Sogleich erfuhr dieses der russische Minister, und trug nun darauf an, daß man ihm diesen Frevler ausliefern möchte. Dieß geschah zwar nicht, aber man glaubte sich doch verbunden, diesem Secretär öffentlich einen derben Verweis zu geben, wobei sich am Ende der Minister beruhigte.

In allen übrigen Dingen aber verehrt der Herzog die Kaiserin so sehr, daß er jeden ihrer Wünsche wie einen Befehl betrachtet, und sein eigenes Interesse gern dem Ruhme aufopfert, der Monarchin gefällig zu seyn.

Von Zeit zu Zeit werden dem Herzoge Leute von Rußland zugeschikt, welche Panisbriefe und alte Forderungen an ihn haben. Diese Panisbriefe und diese Forderungen, deren causa debendi weitläuftig zu untersuchen, Mangel an Delicatesse gegen die Kaiserin verrathen würde, kosten ihm jährlich viele tausend Thaler. Am besten fährt der Herzog, wenn er mit dergleichen Prätendenten freundschaftlich accordirt; denn sonst wird von hunderttausend Thalern auch nicht einer nachgelassen.

Im Jahr 1783 fand sichs, daß der 15 Werste von Mitau entlegene kurländische Marktflekken Schlok nicht zu Kurland, sondern zu Liefland gehörte, und sogleich das Jahr darauf wurde der Julianische Kalender daselbst eingeführt.

Die Kaiserin nimmt es auch über sich, ohne dem Herzog etwas davon zu sagen, sein Land von gefährlichen Menschen zu reinigen. Dieß geschieht wahrscheinlich aus gegenseitiger Delikatesse, weil in solchen Fällen doch wohl die Einwilligung des Herzogs zu vermuthen ist, und er, wenn dieses ohne sein Wissen geschieht, nicht nöthig hat, sich dafür zu bedanken.

Ein Beispiel dieser Art habe ich selbst, während meines Aufenthalts in Mitau, erlebt. In einem dortigen Gasthofe logirte ein gewisser vorgeblicher Doctor Aley. Er betrug sich still und ruhig, aber man wußte doch nicht recht, was man aus ihm machen sollte. Genug! eines Abends erschien ein russischer Offizier aus Riga auf seinem Zimmer, und machte ihm den sehr höflichen Antrag, mit ihm noch in der Nacht nach Riga zu fahren. Aley verbat zwar diese Ehre, der Offizier gab ihm aber sehr fein zu verstehen, daß er nur nicht lange zaudern, sondern mit ihm in seine Chäse kommen möchte, weil er zu einer Cur gebraucht werden sollte. Der Medecin malgré lui stieg also ein; aber kaum waren sie vor der Stadt, so wurde er aus dem Wagen herausgenommen, gebunden, und so in einer schon bereit stehenden Kibitka, durch Kosaken nach Riga gebracht. Von Riga aus soll er nach St. Petersburg geschleppt worden seyn. Was weiter mit ihm vorgegangen ist, habe ich nicht erfahren können.

———

34.

Mitau.

Man denkt sich gewöhnlich unter Kurland die beiden Herzogthümer Kurland und Semgallen zusammen, und in so fern kann man Mitau, die Hauptstadt Kurlands nennen, ungeachtet sie eigentlich bles die Hauptstadt Semgallens und Goldingen die Hauptstadt des eigentlichen Kurlands ist.

Mitau liegt am Fluß Aa oder an der Bäche, wie sie dort gemeinhin genannt wird. Die Stadt ist sehr weitschweifig gebaut, und in so fern größer als Riga, wenn man nämlich um die sporadischen Häuser, hinter deren jedem sich gewöhnlich ein großer Hofraum und Garten befindet, in Gedanken einen Kreis ziehen, und auf diese Art die Größe der Stadt bestimmen will. Die Häuser sind fast durchgängig nur ein Stokwerk hoch, und die Zahl der Einwohner ist nicht den dritten Theil so

12000 p.

stark als die Zahl der Einwohner in Riga. Sie könnte eine gute Handelsstadt seyn, wenn Rußland nicht von jeher der Aufnahme des Mitauschen Handels, wegen Riga, aufs nachdrücklichste entgegen gearbeitet hätte. Nur ein geringfügiger Landhandel wird darin getrieben, der aber noch dazu, durch eine Convention, die vor einigen Jahren mit Rußland geschlossen worden, sehr eingeschränkt ist. Thore hat diese Stadt nicht, doch nennt man ihre verschiedenen Avenues Pforten.

Zu meinem beständigen Aufenthalt würde ich Mitau lieber wählen als Riga, weil man hier freier athmet, und zwangloser lebt, als dort. Vielleicht giebt es keine polizierte Stadt in der Welt, wo die bürgerliche Freiheit trotz der Gegenwart des russischen Ministers in dem Grade zu finden ist, wie in Mitau. Wer nur keine groben Verbrechen begeht, kann hier thun was er will. Dies rührt zum Theil von dem gespannten Verhältniß her, in dem sich die verschiedenen Stände, der Adel, die Litteraten, die Kaufmannschaft, die Handwerker, Bürger und die Obrigkeit gegen einander befinden, und durch welches das gemeinschaftliche Interesse der Bürger, mit vereinten Kräften zum Wohl des Staats zu wirken, geschwächt worden ist. Sobald dieses Interesse geschwächt ist, sind Zwangsmittel gefährlich, weil durch physische Mittel die moralischen Gebrechen nicht wohl gehoben werden können, und erstere in unzufriedenen Staaten gewöhnlich nur dazu dienen, den Ausbruch der Unzufriedenheit zu befördern.

Dennoch kann man von Mitau sagen, daß die guten Sitten daselbst mehr vermögen, als die Gesetze, und daß das Regelchen: was du nicht willst daß dir geschieht, :c. welches die Mitauer bei ihren Handlungen vor Augen zu haben scheinen, so ziemlich die Stelle der Polizei vertritt.

Ich habe mich drei Monat in Mitau aufgehalten, und nicht Einmal von einem Diebstahl, der durch Einbruch verübt worden wäre, etwas gehört, da dergleichen Fälle, wie ich schon oben gesagt habe, in Riga nichts seltenes sind. Dieß rührt keineswegs von der übergroßen Vorsicht der Mitauer her, im Gegentheil bleiben die Hausthüren in den meisten Häusern bei Tag offen, und bei Nacht werden auch die Läden an den Fenstern nicht sehr sorgfältig zugemacht.

Die Petrinische Akademie, die von dem gegenwärtigen Herzog 1775 errichtet wurde, würde viel Nutzen stiften können, wenn ihr nicht die Streitigkeiten des Herzogs mit dem Adel so hinderlich wären. Vor allen Dingen aber müßte sie ihren akademischen Zuschnitt verlieren, und mehr die Einrichtung eines Gymnasium bekommen, weil es gänzlich an einer Schule in Mitau fehlt, auf welcher die Jünglinge gehörig zum akademischen Unterricht vorbereitet werden könnten.

Die Lehrer bei dieser Akademie würden einer jeden andern Universität Ehre machen, und sind auch größtentheils, jeder in seinem Fache, im Auslande rühmlichst bekannt.

J. M. G. Beseke ist Professor der Rechtsgelehrsamkeit. Nächstens wird Herr Dr. Seidenstikker in Göttingen einen Codex criticus Pandectarum herausgeben, an welchem der oben angeführte Mitausche Gelehrte zehn Jahre gearbeitet hat. Er hat außerdem noch sehr viel und vielerlei geschrieben, und sich in allen seinen Schriften als einen Denker gezeigt. So schrieb er z. B. 1) eine Logik; 2) ein Lehrbuch der natürlichen Pflichten; 3) einen Entwurf zu einem vollständigen Gesetzesplan für Verbrechen und Strafen; 4) einen Codex des Wechselrechts; 5) über Elementarfeuer und Phlogiston; 6) die Offenbarung Gottes in der Natur; 7) das Buch der Weisheit und Tugend; 8) Entwurf eines Systems der transcendentellen Chemie; 9) Beiträge zur Naturgeschichte der Vögel Kurlands, und noch verschiedene andere Werke, die mir jezt nicht beifallen.

W. G. F. Beitler ist Prof. der Mathematik; J. H. Groschke, Professor der Naturlehre und Naturgeschichte, K. A. Kütner, Professor der griechischen Sprache; Friedrich Schulz, Professor der Geschichte; M. F. Watson, Professor der lateinischen Sprache. (Die Schwierigkeiten, welche diese Lehrer in der Literatur beim Mangel eines Buchladens und bei der Entfernung von allem gelehrten Kommerz finden, schaden ihrem Privatfleiße sehr. Nichts kommt hier ihrer Liebe zur Gelehrsamkeit zu Hülfe. Bringen sie noch ein gelehrtes Product an den Tag, so geschieht dieß unter vielen Mühseligkeiten. Bei manchen muß daher ein oft schäzbares Manuscript im Pulte veralten, weil er es nicht ins Publikum bringen kann.

Was den Luxus anbelangt, so ist dieser hier auf derselben Stufe wie in Riga, und es ist hier auch eben so theuer leben. Man cher Schneidermeister giebt, wenn er sich verheirathet, seiner Braut eine goldene Uhr zum Brautgeschenk, die diese Dame dann auch trägt und ihren übrigen Puz ebenfalls darnach einrichtet.

Die Advokaten und Mediziner werden hier eben so gut und wohl noch besser bezahlt als in Riga. Unter den Advokaten verstehe ich vorzüglich die Obergerichtsadvokaten, die den Titel Justizräthe führen, und deren Anzahl gesezmäßig auf acht eingeschränkt ist. Die dritte Instanz ist in Warschau. Die Akten, die dorthin geschikt werden, müssen ins Lateinische übersezt werden. Der Übersezer erhält für den Bogen einen Albertsthaler; wer es daher in dem polnischen Latein zu einer gewissen Fertigkeit gebracht hat, kann sehr gemächlich bei einer Pfeife Tobak einige Dukaten täglich verdienen. In diesem Latein heißt Gmeda ein Bauer, Stuba die Stube u. s. w.

Der Herzog hält sich nicht in der Stadt, sondern gewöhnlich auf seinem Lustschlaß Würzau auf, wo er recht schöne Anlagen gemacht hat. Er lebt da, ohne sich von Soldaten bewachen zu lassen. Im Schloßhofe sah ich daselbst einen alten Bären an einer Kette, dem die Hunde beide Ohren und beinahe die Haut vom Kopf gebissen haben. Dieses arme Thier ist schon ganz zahm, aber der Herzog findet dennoch ein besonderes Vergnügen daran, es knebeln und dann von großen Hunden von Zeit zu Zeit hetzen zu lassen.

Die Leibeigenschaft ist auch in Kurland zu Haus. Gegen den kurischen Bauer ist der teutsche ein wahrer Freiherr. Man merkt das auch schon an den sklavischen Manieren der geringen Volksklasse.

Die Bettler werfen sich, wenn sie eine etwas vornehme Person um Almosen ansprechen, gewöhnlich mitten auf der Straße auf die Knie, und küssen auch, wenn sie etwas erhalten haben, den Saum des Rocks, oder, wie mir's zuweilen schien, gar die Füße ihres Wohlthäters.

Dörfer giebt es in Kurland ebenfalls nicht, sondern nur zerstreute Bauernhöfe oder Gesinde. Ihre Wohnungen sind meistentheils elende Baraken, die alle Augenblikke einzufallen dröhen, und bei denen nicht selten die Thür die Stelle des Fensters und des Rauchfangs zugleich vertritt. Reisende, die gern Ruinen sehen, mögen dergleichen Hütten in einer sonst schönen Gegend, immerhin sehr mahlerisch finden. Was mich betrift, so sind es, so oft ich in ein fremdes Land komme, immer die Häuser zuerst, die mich auf ernsthafte Betrachtungen leiten, und mich zu frohen oder traurigen Erwartungen stimmen; es seyen nun diese Häuser Paläste oder Bauerhütten.

Jedes kurische Fräulein bekommt der Regel nach eine Leibeigene zur Aufwärterin, über die dem Fräulein unumschränkte Gewalt eingeräumt wird. So wie es nun zuweilen ein Hund leiden muß, wenn ihn die Kinder im Haus zwikken oder in die Ohren kneipen, so muß es auch die Leibeigene sich gefallen lassen,

wenn das Fräulein seinen Muthwillen mit ihr
treibt; und dieser geht oft gegen Leibeigene
noch weiter als gegen Thiere.

Der kurische Bauer oder Lette scheint noch
in manchen Stükken hinter dem gemeinen Ruſ-
ſen zurük zu ſeyn. Er iſt faul und ſtumpf;
der Ruſſe aber unverdroſſen und verſchmizt.
Wo etwas zu verdienen iſt, läßt ſich immer
der Ruſſe gern gebrauchen; und auch da, wo
er nichts zu erwarten hat, ſpringt er andern
aus natürlicher Lebhaftigkeit willig bei. Der
Lette nicht alſo.

Eines Morgens fuhr ich über die vor der
Stadt vorbeifließende Bäche, als ſie eben
aufzuthauen anfing. Eine Menge Bauern
ſtanden an beiden Ufern, und warteten auf das
Floß, das ſie mit ihren Karren überſetzen
ſollte. Andere, denen es zu lange dauern
mochte, wagten es über das Eis zu fahren.
Den meiſten gelang es; nur einer brach mit
Pferd und Wagen ein. Er rettete ſich, und
endlich nach vieler Mühe und vielen vergebli-

chen Versuchen auch sein Pferdchen. Die übrigen standen in der Nähe und sahen es wie er sich abarbeitete, ohne deßwegen nur einen Schritt zu thun, oder ihm zu Hülfe zu eilen.

Diese Menschen werden so unempfindlich, weil auch sie unempfindlich behandelt werden, sonst wäre eine solche Erscheinung gar nicht möglich. Einer von diesen Bauern sagte zu meinem Begleiter auf lettisch: „er wäre nun runde acht Tage von seiner Frau weg, die nicht wüßte, ob er noch lebte, oder unterdessen gestorben wäre." Die Thränen standen ihm in den Augen. „J," fing er nach einer kleinen Pause wieder an, „am Ende gilts gleich viel, ob einer im Wasser oder im Bette krepirt" und troknete sich voll Mismuth die Thränen ab, die ihm aus den Augen rollten.

Viele von den Bauern sind freilich auch oft sehr liederlich. Sie fahren gewöhnlich auf kleinen Karren mit einem kleinen lettischen oder Lithauschen Pferdchen bespannt in langen

Zügen zur Stadt. Wenn sie nun wieder nach Haus fahren, so sieht man fast jedes Mal mehrere unter ihnen betrunken in ihren Karren liegen, an denen auch nicht ein eiserner Nagel zu sehen ist. Manche treiben die Liederlichkeit bis zur Ruchlosigkeit, so daß sie ihrem Weib und ihren Kindern das Brot mitnehmen, es in der Stadt verkaufen, und das daraus gewonnene Geld in Brantwein vertrinken. Dieß alles würde wegfallen, hätten diese Leute nur Liberty and Property, Freiheit und Eigenthum.

Ich muß noch ein paar Stükchen erzählen, die sich während meines Aufenthalts in Mitau zugetragen haben.

Ein Leibeigener hatte schon verschiedene Mal bei seiner Herrschaft um Brod gebeten, aber immer eine abschlägliche Antwort und zulezt gar Prügel deßwegen erhalten. Dieser elende Mensch gerieth in Verzweiflung, führte unter einem gewissen Vorwand sein schwanges res Weib und seine beiden Kinder an den Fluß, stürzte sie hinein und lief davon.

Um eben diese Zeit machten auch die Bauren in ─── , welcher Hof drei Meilen von Mitau liegt, einen Aufstand, weil die besten und fleißigsten unter ihnen auf schlechtere Höfe versezt, und so der Früchte ihres Fleißes beraubt werden sollten. Um sie zur Ruhe zurück zubringen, wurde eine Commission zu ihnen geschickt, und sie alle zusammen berufen. Einer der ältesten unter ihnen trat nun unaufgefordert hervor, und sagte mit der größten Kaltblütigkeit: „Wir haben gefehlt, das wissen „wir; wir sind sträflich das wissen wir auch; „aber unsere Kinder sind es nicht, die haben „keinen Antheil an unserm Fehltritt; diesen „zu Lieb mußten wir sträflich werden, damit „wir uns wenigstens nichts vorzuwerfen haben „möchten, wenn einst ihr Schiksal noch härter werden sollte. Jezt können wir noch Wi „derstand leisten, so lange wir noch etwas ha „ben, wenn wir aber erst einmal so weit in

„Armuth gebracht sind, wie unsere Nachbarn „(die sie nun nach der Reihe hernannten) „dann „können wir es nicht mehr, dann kann uns „auch der Widerstand nichts mehr helfen. „Unsere Forderungen sind ja auch gering! wir „bitten nur uns nicht zu drükken, so lange wir „unsre Schuldigkeit thun. Wir bitten um „nichts, als um Gerechtigkeit und Brod!"

Diese männliche und bescheidene Sprache sollte man nicht von Leibeigenen erwarten; und wo wären noch Despoten, wenn die Gesetzgebenen so sprächen?

* * *

Nunmehr sage ich meinen Mitauer Freunden Lebewohl. Sie haben mich so freundschaftlich aufgenommen, sind mir so liebreich entgegen gekommen, und zwar gerade zu einer Zeit, wo ich der Liebe und Freundschaft zur Erheiterung meines Geistes am meisten bedurfte, daß ich nie ohne Rührung und Dankbarkeit an meinen Aufenthalt in Mitau werde zurük denken können. Habt Dank edle und biedere Menschen für die schönen drei Monate, die ich bei Euch verlebte. Ihr habt mir gezeigt, was ein Mensch dem andern seyn kann, und habt meinem Herzen eine Nahrung gegeben, die es stets in dem Vertrauen auf die Güte der menschlichen Natur stärken und mich aufrecht erhalten wird; wenn auch in der Folge noch Menschen, die Euch nicht gleichen, mir den Genuß meines spannenlangen Lebens verbittern sollten.

35.

Reise von Mitau nach Libau.

Der Weg von Mitau nach Libau ist bei schö‍nem Wetter in der guten Jahreszeit sehr schön, und die Luft erquickend, weil man fast immer zwischen Wiesen und Wäldern hinfährt, die rings umher ihre aromatischen Düfte verbrei‍ten. Chausseen findet man hier nicht, aber der viele Flößsand macht vielleicht, daß die Wege auch bei schlimmen Wetter noch gut zu passiren sind.

Von Zeit zu Zeit findet man einzelne Krüge, die desto besser sind, je näher sie an der Haupt‍stadt liegen. Die Städtchen, durch die man kommt, sind Frauenburg, Durben und Grusin.

Meine Absicht war, von Libau aus zu Schiff nach Lübek zu gehen. Da aber unter zwölf Tagen, wie ich hörte, kein Schiff dahin ab‍ging, so entschloß ich mich, zu Lande nach Kö‍

nigsberg zu reisen, ungeachtet man es mir, wegen der Unruhen in Polen, sehr widerrieth. Die Post kam wenigstens von Memel nicht mehr zu Lande, sondern in großen Booten zur See, die freilich bei einem Sturme auf jeden Fall verloren gewesen wären, in Libau an. Die russische Post war kurz zuvor bei Polangen von den Conföderirten angehalten, und in das Innere von Polen geschleppt worden; die Königsberger wöchentlichen Fuhrleute blieben ebenfalls aus, weil sie es nicht wagten, sich einer ähnlichen Gefahr auszusetzen.

Man war in Libau zu der Zeit, als ich mich da befand, (im Monat Mai 1794) über Hals und Kopf beschäftigt, Korn aus den Speichern auf die Schiffe bringen zu lassen, weil ein holländischer Kaufmann die Nachricht aus Riga mitgebracht hatte, daß Rußland alles vorräthige Korn in Beschlag nehmen, und zu festgesezten Preisen für sich behalten würde. Dieß geschah nicht, und man vermuthete, daß der Kaufmann diese Nachricht nur in der eigen gütigen Absicht verbreitet habe, um seinen zwei Schiffen, die noch unbefrachtet vor Libau lagen, eine gute Fracht zu verschaffen.

Auch ging in diesen Tagen ein ganzes Schiff mit gesalzenem Fleisch nach Schweden ab, welches sonst nur im Herbste zu geschehen pflegt.

Die Gegend um die Stadt ist sehr sandig, und fast rings um mit Wasser umgeben, das aus der See ins Land tritt. In der Nähe der Stadt und in den Straßen der Stadt fliegen in ganz unglaublicher Menge gewisse Insekten, die man hier Himmelsschlüssel nennt. Es gehört dieses Insekt unter die Libellen, und wo ich nicht irre, heißt ihr Kunstname Libellula vulgatissima.

Die Stadt ist klein, vor den meisten Häusern stehen Bäume, und die Anzahl der Einwohner beläuft sich kaum auf 5000. Sie sind wohlhabend, und ihre Handlung ist beträchtlicher als die in Memel, ungeachtet die Anzahl der Schiffe, die jährlich hier einlaufen, weit geringer ist, und nur bis auf 300 steigt.

Der Libausche Hafen ist seicht; seine Tiefe wird auf 11 Schuh angegeben.

Die Ausfuhr besteht größtentheils in Hanf, Getreide, gesalzenem Fleisch, Leinsaat u. dgl. Die Einfuhr aber in Spezereien, Gewürzen, Häringen, Tüchern, Zukker, Caffee u. s. w. In einem Jahre wurden in den neuern Zeiten einmal 24,000 Zentner Kaffee eingeführt.

Das hier befindliche Gymnasium ward gelobt. Es hat vier Klassen. In der ersten oder untersten übersetzen die Schüler den sogenannten Cornelius Nepos.

Man findet hier zwar einen Buchladen, aber keine Buchdruckerei, folglich gibt es in dieser Handelsstadt nicht einmal ein Intelligenzblatt!

Ich besuchte hier auch einen öffentlichen Garten, welcher für den schönsten in Libau gehalten wird. Er besteht aus einigen Gemüßbeeten und verschiedenen Bäumen, die auf einer Wiese zerstreut stehen, doch ohne Zusammensetzung und Verbindung.

Die teutsche Kirche ist neugebaut. Sie ist zwar klein, aber sie soll inwendig sehr schön seyn. Die Steine zum Thurm schenkte König Gustav der Dritte den Libauern zur Erkenntlichkeit, weil sie einst die Leute von einem hier gestrandeten schwedischen Schiff sehr liebreich aufgenommen und sehr gut verpflegt haben.

Wenn man hier zum Mittagessen gebeten wird, so fällt es auf, daß die Gäste, wenn die Gesellschaft aus mehreren Personen besteht, kurz vor Tisch erscheinen, und sich, so wie abgegessen ist, sogleich auch wieder entfernen. Ländlich, sittlich!

Vor der Stadt steht ein Pulverthurm, in welchem damals 1100 Zentner Pulver lagen, welche aber einige Wochen nach meiner Abreise von den Conföderirten, theils gegen bare Bezahlung, theils gegen Scheine in Empfang genommen wurden. Bald darauf kamen die Russen in diese Stadt, trieben 50,000 Thaler Contribution ein, wurden aber wieder von den Conföderirten unter dem General Mirbach,

einem gebornen Kurländer, nach einigen Wochen
daraus vertrieben. Noch an demselben Tage,
da dieses geschah, gab Wirbach am Abend
einen Ball, und am andern Tage mußten die
Einwohner auf dem Rathhause schwören, und
ihre Namen in das Bürgerbuch einschreiben.
Sie mußten mit Nationalcocarden um den Arm
gebunden, erscheinen; einige thaten noch mehr,
und schnitten sich aus Patriotismus freiwillig
die Haare ab. Den Edelleuten, welche beim
Einschreiben Baron oder das Wörtchen von
vor ihre Namen sezten, wurde von den dazu
bestellten Personen spöttisch gesagt, „sie möch-
„ten diese Thorheiten nur einstweilen bleiben
„lassen, und lieber stolz darauf seyn, Bürger
„der Republik zu heißen."

36.

Ein Frühstük mit polnischen Sans-coulottes.

Nachdem ich mich einige Tage in Libau aufgehalten hatte, fand ich endlich einen Fuhrmann und eine Gesellschaft, die es wagten, über Polangen die Reise nach Memel mit mir zu machen. Meine Gefährten waren zwei Deputirte, welche die libausche Kaufmannschaft an die Conföderirten in Polangen abschikte, um bei diesen die Vergünstigung zu erhalten, daß wenigstens die Briefe in Handlungsangelegenheiten frei über Polangen nach Memel passiren dürften.

Dicht vor der Stadt kommt man sogleich an den Seestrand, an dem man dritthalb Meilen fortfährt, und zwar ganz nahe an der See, so daß die Wellen von Zeit zu Zeit die Räder bespülen, weil es den Pferden zu schwer werden würde, da, wo der tiefe Sand nicht durch das Wasser fest gemacht worden ist, sich uns den Wagen durchzuschleppen.

Das Wetter war regenhaft und stürmisch; und der Wind dabei schneidend kalt, so daß ich mich in einen Mantel hüllen mußte, um mich gegen den Frost zu schützen. Das Meer tobte, und es ist gewiß ein großer Anblik, wenn man so bei einem Sturm die ungeheuren Wellen, mit einem Brausen, vor dem man kaum sein eignes Wort hören kann, sich auf dem Meer herumstürzen, sich unter einander vernichten, wieder erzeugen, und dann mit Gewalt sich ans Ufer wälzen und endlich in einen schäumenden Strudel zerstreuen sieht.

Der Strand ist öde, man findet hier nichts als Sand, eine Menge große und kleine Böte, und von Zeit zu Zeit aufgehäuftes schwarzes Seegras, oder Seetang, (potamogeton marinum) das in dieser Gegend theils zur Streu theils als Dünger gebraucht wird.

Der erste Krug, den wir antrafen, und der sich durch nichts als durch die ekelhafte

Unreinlichkeit auszeichnete, die darin herrschte, hieß Wirgen; von da aus fuhren wir nach Papensee, wo wir übernachteten. Dieser Krug liegt an einem See oder großen Teich, der mit der Ostsee in Verbindung steht.

Am andern Morgen kamen wir durch den Flekken Heiligen Aa. Dieser Flekken liegt an dem Fluß Aa, und macht die Grenzscheide zwischen Semgallen und dem Herzogthum Schamaiten, das zu Ende des Septembers 1794 den Russen huldigen mußte. Hier mußten wir uns bei einem polnischen Schulzen, oder was der Mensch sonst für einen öffentlichen Charakter haben mochte, melden, und einen Zettel einlösen, den wir in Polangen zu unsrer Legitimation vorzeigen sollten. Ein kleines Douceur machte ihn sehr willig, und er versprach uns, daß wir von den Conföderirten in Polangen nichts zu besorgen haben würden.

Eine Viertelstunde vor Polangen wurden wir schon von den Polaken Sansculottes angehalten. Es waren ganz gemeine Bauern in kurzen polnischen Jacken, runden Hüten, blaue Strümpfe, und mit großen Piken. Sie thaten an uns nur einige allgemeine Fragen, und ließen uns dann weiter ziehen.

In einiger Entfernung waren auf dem Felde Weiber und Männer beschäftigt, einige große abgeschälte Bäume mit Stroh und Werrig zu umwinden, und dann mit Pech zu bestreichen, um sie bei einem plözlichen Überfall anzünden und den umliegenden Ortschaften ein Signal damit geben zu können.

So wie wir in dem Städtchen anlanten, versammelte sich sogleich eine Menge Volk um unsere Wagen, und wir wurden von den dazu bestellten Personen aufs neue ausgefragt. Nach diesem erhielten wir die Weisung im Gasthofe zu bleiben, bis man dem Commandanten Rapport von uns abgestattet hätte.

Der Gasthof, in dem wir abtraten, hatte von außen das Ansehen eines Pallastes, von innen aber das Ansehen einer Mördergrube; Die Zimmer waren zwar tapeziert, aber die

Tapeten in Stücken zerrissen, die Fenster voll Staub und theils zerbrochen, und nur hie und da in einigen Stuben, deren Thüren alle offen standen, ein hölzerner Stuhl oder ein schmuziger Tisch zu sehen. Massalsky, Fürst Bischof von Wilna ließ diesen Pallast für zwei seiner Mätressen erbauen, die ihn alle beide zu gleicher Zeit bewohnten. Jezt war er für einige Dukaten jährliche Pacht an einen Juden überlassen, der hier eine Wirthschaft angelegt hat.

Dieser Fürst Bischof Massalski wurde am 28sten Juni 1793 zu Warschau vor dem Rathhaus aufgehängt, und war der lezte männliche Erbe dieser alten Lithauschen Familie.

Unterdessen machten wir von unserm Mund- und Flaschenvorrath Gebrauch, und bewirtheten die Offiziere der Conföderirten, welche ebenfalls erst vom Pflug genommen waren. Der Wein machte ihnen sehr gutes Blut, und durch Schinken und Braten gewannen wir Aller Herzen. Selbst der Herr Commandant war so gütig, mit diesem kleinen Frühstük vorlieb zu nehmen, und bekam eine so gute Meinung von uns, daß er uns ohne unsern Wagen oder unsre Koffer im geringsten durchsuchen zu lassen, von einem Wachtmeister durch ihre Vorposten bis an die preußische Grenze bringen ließ.

Die Einwohner klagten sehr, daß sie seitdem die Passage gesperrt und die Unruhe in Polen ausgebrochen wäre, so wenig Nahrung hätten. Statt ihre Felder zu bestellen, müssen sie sich nun den ganzen Tag und auch bei Nacht bewaffnet auf Straßen und Wegen zu Pferd und zu Fuß herumtreiben. Alle Mannspersonen, die ich auf der Straße sah, hatten entweder eine Heugabel, oder eine Stange, die oft nur vorn mit einem eisernen Nagel versehen war, eine Flinte oder einen Säbel in der Hand, ungeachtet in diesem Augenblik noch kein feindlicher Überfall zu befürchten war.

Einer meiner Gefährten fragte sie, warum sie denn dieses thäten? ja! Kosciusko hätte es befohlen. So regt sich denn ohne Kopf und Herz weder Hand noch Fuß!

Nicht die polnische Nation, sondern die polnischen Aristokraten waren immer auf der Seite Rußlands; „Aber welches Reich," spricht Hupel *) sehr scharfsinnig, „kann den Polen auch so große Vortheile gewähren, als Rußland? Was für Summen hat Polen durch den Handel, durch die dort angelegten Magazine u. s. w. aus Rußland gezogen **)? Auch konnte Rußland nicht gleichgültig seyn, daß Polen seinen Handel von Rußland abziehen zu wollen äusserte ***). Und die Polen erdreisten sich dennoch, ohne die Kaiserin, als Garantin der Constitution von 1791 darum zu fragen, sich eine neue Consti-

*) Hupels Versuch, die Staatsverfassung des russischen Reichs darzustellen, I. Th. 1791. bei Hartknoch in Riga, 684 S. II. Th. Ebend: 1793. 584 S. 8.
**) A. a. O. I. 627.
***) A. a. O. II. 569.

tution zu entwerfen, die Rußland schon darum nicht genehmigen konnte, weil sie jeden Fremden, der das polnische Gebiet betreten würde, für frei erklärte. Wie viele Leibeigene hätten sich dadurch zu einer Auswanderung können verleiten lassen? Polen, das sich so enge mit Rußland verbunden hatte, — "man weiß schon was man unter Polen zu verstehen hat." — und in desselben Schutz seine Sicherheit zu finden erklärte, auch daher an die jetzige Kaiserin zwei feierliche Gesandtschaften schikte, um von ihr die Garantie seiner Verfassung zu erbitten, welche es auch erhielt: dieses Polen ändert mit einem Mal seine Sprache — "ob "dieses Polen, das seine Sprache änderte, "wohl dasjenige ist, womit diese Periode an= "fängt, muß man doch wohl untersuchen, um "nicht gegen das Nil admirari zu sündigen." — vergißt seine Verbindungen, fängt an ein neues System zu befolgen, und erlaubt sich sogar Beleidigungen!

Viele Polen hatten von russischen Kaufleuten ansehnliche Summen in voraus auf ihre Waaren genommen, — „gegen andere Nationen sind die Russen nicht so gefällig zu prä̈numeriren" — und unterließen hernach die gehörige Lieferung. Da es dort schwer hält, daß ein Pole gegen den andern gehörige Gerechtigkeit findet, wie weit schwerer war es, daß russische Unterthanen daselbst durchdringen sollten. Blieb also wohl ein anderes Mittel übrig, als daß der russische Hof sich selbst Gerechtigkeit verschaffte? Soweit Hupel; und wer wird ihm nicht antworten: O Nein!

Ich füge blos ein paar Anecdoten hinzu, die vielleicht hier nicht ganz am unrechten Orte stehen, und überdieß liquid sind.

Der russische General J * * ließ in Warschau seiner Geliebten zu gefallen, aus eigner Macht, eine der Hauptstraßen an beiden Enden mit Ketten sperren, weil diese Dame das Rasseln der Wagen um so weniger vertragen konnte, da ihre Gehörnerven schon durch das Billardspielen in dem dicht an ihrer Wohnung gelegenen Caffeehaus beleidigt wurden. Der General ließ also den Caffetier zu sich kommen, erklärte ihm, wie sehr er wünschte, daß er sein Billardzimmer auf vier Wochen schließen möchte; und fragte ihn, wie viel er dafür haben wolle. Der Wirth erwiederte, daß sich sein Schade nicht bestimmen lasse, weil sich nicht voraussehen ließ, ob seine Gäste, die sich wahrscheinlich unterdessen andere Häuser aussuchen würden, für gut finden möchten nach vier Wochen wieder zu ihm zurük zu kehren, u. s. w. J** besann sich, und sagte ihm endlich: er wolle ihm 50 Dukaten dafür geben, und wenn er das nicht annähme, so würde er ihm morgen Wache vors Haus stellen lassen. Und dann würde er gar nichts erhalten. Hören meine Leser nichts klirren?

In Riga wissen sich's noch viele Leute zu erinnern, daß vor ungefähr vierzig Jahren, vielleicht ist es auch nicht so lange, ein russischer General einen ganzen Wagen voll Haare nach Rußland führen ließ, die er den Frauenzimmern in Warschau, sans rime et sans raison und ohne Gnade und Barmherzigkeit hatte abschneiden lassen.

Sonderbar, wie es den Polen schon so oft die Köpfe galt! So nahmen auch die Mongolen 1241 nach dem Treffen bei Wahlstadt unweit Lignitz neun Säcke voll polnische Ohren mit weg.

Noch einige Tage vorher, ehe am grünen Donnerstag 1794 das Blutbad in Warschau ausbrach, bei welchem an 7000 Russen massakrirt wurden, verlangte General Igelström alle polnische Artillerie. In einem jeden andern Staate wäre eine solche Forderung mit Verachtung und Unwillen zurükgewiesen worden; der König von Polen aber ließ dem Igelström durch den Kronmarschall bescheidene Gegenvorstellungen thun. Dieser Kronmarschall war ein alter ehrwürdiger Greis. Igelström fuhr ihn so hart an, daß dieser Mann ohnmächtig aus feinem Palaste zurükgetragen werden mußte. Das Volk erfuhr es, und überlief den König mit den bittersten Klagen über diese schnöde Behandlung. Der König antwortete: Re t tet eure Ehre!

Zum Unglük für die Russen, hatte sich noch auffer dem das Gerücht in Warschau verbreitet, daß von St. Petersburg der Befehl gekommen wäre, alle patriotisch Gesinnte am Ostersonntag zu überfallen und zu ermorden. Die Patrioten beschlossen also lieber das Prävenire zu spielen, und fingen am grünen Donnerstag (17te April 1794) früh um vier Uhr damit an, die russischen Wachen zu insultiren. Igelström hatte von diesem mörderischen Plane wenig geahndet, denn als der König einige Offiziere zu ihm schikte, die ihm von dem gegenwärtigen Stande der Sachen Nachricht geben, und ihm sagen sollten, daß seine Person in Warschau nunmehr weder sehr sicher noch sehr nothwendig wäre, entrüstete sich Igelström, antwortete den an ihn abgesandten Personen, nach seiner Art, in sehr harten Ausdrükken, und wollte selbst zum König gehen. Die Offiziere versicherten ihm, daß, wenn er dieses wagte, sie nicht für sein Leben stehen könnten. Er schikte also seinen Neven, ungeachtet sie ihm auch dieses zu thun wiederriethen, und zwar aus demselben Grunde, weil das in Wuth gesezte Volk gewiß auch dessen Leben nicht schonen würde. Igelström verachtete ihren guten Rath, und befahl dessen ungeachtet seinem Neveu zum König zu gehen. Kaum war er auf der Straße, so wurde er vom Volk auf allen Seiten umringt und in Stükken gehauen. Dieser junge Mann, den ich in Riga hatte kennen lernen, verdiente dieses traurige Schiksal nicht. Er war erst einige zwanzig Jahr alt, war in der Schweiz erzogen worden, und hatte eine sehr glükliche Bildung erhalten. Sobald der Neveu Igelströms niedergemacht war, so folgte nun zwei Tage lang eine Mordscene der andern. Igelström verlor nun auch moralisch seinen Kopf, und war noch glüklich genug, seine Person in Sicherheit zu bringen. Aus allen Fenstern wurden Waffen auf die Straße geworfen, und aus dem königlichen Zeughaus die Gewehre gehölt, die Kosciusko einige Tage vorher dahin geschikt hatte. Wie man sagte, war von den Russen der Ostersonntag dazu bestimmt, dieses Zeughaus mit Gewalt in Besitz zu nehmen. Igelström hat gefehlt, man mag ihn beurtheilen aus welchem Gesichtspunkt man will, und wahrscheinlich war sein Betragen nicht übereinstimmend mit den milden Gesinnungen seiner erhabnen Monarchin.

57.

Reise von Polangen nach Memel.

Die preußische Grenze ist durch den Fleiß und die Kultur, die auf jedes Fleckchen Erde gewandt ist, so wie man über Polangen hinauskommt, unverkennbar. Schon ungefähr eine Meile vor Memel ist der Weg auf beiden Seiten mit Bäumen bepflanzt; auch wird die Gegend hier schon bergigter, da sie in Kurland und Liefland beinahe ganz eben ist.

Die Stadt Memel ist, was die Bauart anbetrift, nicht sehr ansehnlich; in der ganzen Stadt findet man nur einen einzigen Thurm, und zwar auf der lutherischen Kirche. Desto mehr Windmühlen befinden sich um die Stadt herum, weil hier auch die Sägemühlen vom Winde getrieben werden.

Auf und bei der hölzernen Brücke über die Dange ist es immer lebhaft wegen der Buden der Krämer und der Höker, die hier allerlei Waaren feil haben.

Die Citadelle und das Commandantenhaus ist ganz eingegangen und verfallen. Die Festung würde auch jezt nicht mehr von sonderlichem Nutzen seyn, weil sich der Hafen nun weiter als vormals gegen Norden gezogen hat, und also von der Festung aus nicht füglich mehr würde bestrichen werden können.

Die Aussicht auf der Citadelle ist vortreflich. Auf derselben übersieht man mit einem Blik einen großen Theil der Stadt, den Fluß und das Meer, auf dem bei guter Jahreszeit immer eine Menge Boote und Schiffe liegen. Man nimmt an, daß jährlich an tausend Schiffe nach Memel kommen: doch besteht der Handel größtentheils nur in Holz; obgleich auch viel Hanf, Flachs, Garn und Leinsaat ausgeführt wird.

Die Anzahl der Einwohner ist jedes Jahr im Sommer stärker als im Winter. Im Sommer nämlich sollen sich an 7000 Menschen in der Stadt befinden, im Winter aber kaum 6000. Diese Verschiedenheit hat ihren Grund in der Schiffahrt, wodurch sehr viele Menschen herbeigezogen werden, die sich als Handwerksleute und Taglöhner gebrauchen lassen.

Von hier aus findet man im Sommer immer Gelegenheit zu Wasser nach Königsberg zu fahren, und zwar für einen oder zwei Thaler. Die Dange, die durch die Stadt fließt, ergießt sich ins kurische Haff. Man kann sich also in der Stadt zu Schiff setzen. Eigentlich aber sind die Fahrzeuge, mit denen man von hier nach Königsberg fährt, nur große mit Segeln versehene Boote, und ihre Besitzer nennt man Schakner. Ist der Wind gut, so macht man diese Reise von funfzehn Meilen in zwölf Stunden, und oft in noch kürzerer Zeit.

Die Gesellschaft ist aber manchmal auf diesen Booten so gemischt, wie sie in der Arche Noah gewesen seyn soll.

Meine Reisegefährten (ich machte nämlich diese Reise mit einem Schalner) waren ein halbes Dutzend Handwerksbursche, etliche Bauern, und eine ehrbare Bürgersfrau aus Memel sammt ihrer Tochter. Diese Frau war mir sehr zur Last. Nach ihren Reden zu urtheilen, unterhielt sie in Memel eine kleine Wirthschaft nach dem Muster der Schwitzischen in Berlin. Gleich in der ersten halben Stunde erzählte sie mir, daß sie sehr jähzornig wäre, und bewies es auch gleich darauf, indem sie ihre Tochter, wegen einer Kleinigkeit, mit Fäusten schlug. Dann machte sie mir auch die angenehme Entdekkung, daß sie das Unglük hätte, sehr oft die Epilepsie zu bekommen. Unterdessen aber ließ sie und ihre Mamsell Tochter sich den Brantwein treflich schmekken, so daß beide ihre Flaschen schon nach etlichen Stunden ausgeleert hatten, und dann ihre Zuflucht zu etlichen Krügen Bier nahmen. Wie sie sagte, so mußte sie dieses thun, um ihre schwachen Nerven zu stärken, die jezt schon den Eindruk der Seeluft fühlten. Durch diese Getränke gewann ihr Geist aber einen so hohen Grad von Beredsamkeit, daß ich mich kaum zu retten wußte. Endlich, nachdem vorher die Seekrankheit, wie sie es zu nennen beliebte, ihre Wirkung geäussert hatte, sank sie ermattet aufs Stroh hin und schlief ein. Sic me servavit Apollo!

33.

Das Fischerdorf Nidden.

Ein Hauptgrund, warum ich die Haffreise der Landreise vorzog, war, desto früher in Königsberg einzutreffen, um von da aus, ebenfalls zu Schiff, meine Reise nach Teutschland fortsetzen zu können.

Wir fuhren um Mittag mit ganz gutem Winde aus; aber er drehte sich in der Nacht, wurde conträr und stürmisch, so daß der Schiffer, um nicht rükwärts getrieben zu werden, am andern Morgen den Anker auswarf. Der Himmel war heiter, aber der Sturm hielt an: Dabei konnte es mir nicht sehr angenehm seyn, daß ich den Schiffer öfters mit bedenklicher Miene nach dem Ankertau sehen sah, als fürchtete er mit jeder Minute, daß es reißen möchte.

Nach Tisch wurde zwar das Haff ruhiger, aber der Wind blieb conträr; und da unser

Schiff nur ungefähr eine Viertelstunde vom Lande vor Anker lag: so konnten wir den Fischern am Lande durch Zeichen zu verstehen geben, daß wir durch ein Boot ans Land gesetzt zu werden wünschten. Dieß geschah; der Ort, wohin wir mit dem Boote gebracht wurden, heißt **Midden**, und liegt auf der kurischen Nerung.

Diese Nerung, so wie die frische Nerung sind beide Dünen, oder vom Wasser verlassene Sandbänke, die erst im Jahr 1190 durch anhaltende nordwestliche Stürme entstanden sind. Noch jezt richten die Stürme öfters Verwüstungen an, häufen den Sand zu großen Hügeln, unter denen zuweilen ganze Dörfer begraben werden. So ist z. B. das Dorf **Lettenwalde** zwischen Kunzen und Sarkau noch in neuern Zeiten ganz mit Sand verschüttet worden. Das Ufer ist einförmig und öde, es ist da weder ein Stein noch Muschel zu finden. Steigt man auf die hohen Sandhügel, so findet man, wenn man auch ihren Gipfel erreicht hat, seine Mühe durch nichts belohnt, weil die Gegend ringsumher wüste und leer ist. Auf dem Boden sieht man nichts als einzelne Hälmchen Gras, etliche kleine Tannen, und hie und da ein mageres Haferfeldchen. Dieser Strich Landes ist 14 Meilen lang und größtentheils nur eine Viertelmeile breit. Man kann also sehr leicht den Spaziergang vom Haff ans Meer machen. Beide sind sehr leicht von einander zu unterscheiden. Am Strande des Haffs liegt blos Flößsand; am Meeresstrand aber eine Menge abgerundeter und vom Wasser abgeschliffener Steine. Die See ist beständig unruhig, das Haff hingegen schlägt, wenn kein starker Wind bläst, ganz kleine Wellen. Das Haffwasser ist von Farbe lehmigt und von Geschmak süß; das Seewasser aber grünlich und von Geschmak salzig. Überdieß ist das kurische Haff auch bei weitem nicht so tief als die See, und sogar noch seichter als das Frischhaff. Nur durch den Umstand, daß dieses Haff im Jahr 1783 ungewöhnlich hoch gieng, war es möglich, daß in demselben Jahre ein Memelscher Kaufmann, der sich in Tilsit ein Schiff hatte bauen lassen, dasselbe vollkommen bemastet, betakelt und ausgerüstet über das kurische Haff nach Memel bringen konnte. Dieses Schiff war von 300 Holzlasten, hatte $103\frac{1}{2}$ Fuß in Kiel, 30 Fuß Breite und $15\frac{1}{2}$ Fuß Tiefe. Ballastleer ging es hinten $6\frac{1}{2}$ Fuß im Wasser, und vorn 6 Fuß.

Eine gefährliche Stelle für die Schiffe bei einem sich erhobenen Sturme ist die Bucht bei Sarkau; doch hört man selten daß Schiffe oder Menschen auf dem Haff verunglükken.

Von dem bei der Memelschen Tiefe, der Stadt Memel gegenüber liegenden Sandkruge an bis Schwarzort wird etwas Börnstein gesammelt.

Übrigens nähren sich die Einwohner in den ächt Nerungsdörfern ganz vom Fischfange;

Sie haben auch ihre eigene Fischerordnung*), worin es §. LXIII. heißt: „da die Dorfschaft Nidden Amts Althoff-Memel mit als die Grenzlinie zwischen beiden Kammerdepartements **) anzusehen ist, und der Haff allda die größte Breite hat †), mithin durch die Fischerei-Arten des gedachten Dorfs den andern Fischerdörfern nicht leicht Eintrag geschehen kann: so gestatten Wir den Fischerbauern zu Nidden die Fischerei, so wie es bisher üblich gewesen mit allerlei verschiedenen Gezeugen, Lachs-Stellen

---

*) Fischerordnung für das kurische Haff im Königreich Preußen, Berlin den 1sten Junius 1792. Fol. Sie besteht aus LXVIII §§.

**) Unter den beiden Kammerdepartements versteht man das Königsbergsche und Lithauische. Letzteres begreift den größten Theil von Schalavonien oder Lithauisch-Preußen, und die Hälfte von Natangen, oder das sogenannte polnische Natangen unter sich.

†) Die größte Breite des Haffs schätzt man auf sechs Meilen.

ausgenommen, auf beiden Seiten des Bo‑
dens, und können dieselbe auch nach Beschaf‑
fenheit der Witterung und der Jahreszeiten,
die Fischerei‑Gezeuge nach Belieben ab‑
wechseln."

39.

Kurze Beschreibung der Fischerei im kurischen Haff.

Ein paar Seiten darf ich dieser wässerigten Materie wohl widmen, aber mehr auch nicht! Der Kürze und Deutlichkeit wegen bediene ich mich der tabellarischen Form.

Die Fischerei im kurischen Haff wird ein‑
getheilt:
I. in die **Segelfischerei**, zu dieser gehört
  1) die Kurren‑Fischerei. Zum Auswurf eines Kurren‑Netzes werden zwei große Fi‑
  scherkähne erfordert, woran die Netze be‑

festigt sind. Die Kähne müssen jederzeit parallel bleiben. Die Fischer bleiben oft drei und mehrere Tage auf dem Wasser. Das Kurrengarn ist in einigen Fischerdörfern aus reinem Flachs, in andern aus Flachs und Hanf, mithin kostbarer als alle übrigen Netze.

Es besteht aus zwei Flügeln und der Mettritze, d. i. dem Sacke. Jeder Flügel hat gewöhnlich 90 Faden in die Länge, und Einen Faden in die Breite, ohne die Einfassung oder Simme, welche aus gedrehtem Lindenbast besteht, und woran die Floßhölzer von Pappelrinde befestigt sind.

Jede Masche in dem Kurrennetz hat anderthalb Zoll im Quadrat. Es wird mit dem Kurrengarn nur vom Abgange des Winters bis zum 1ten May, und vom 21sten August bis das Wasser gefriert, die Fischerei betrieben, weil das Netz bei warmen Wetter im lauen Wasser leicht Schaden leidet.

2) Die Brabben-Fischerei:

Die Brabben sind Garne, welche ebenfalls durch zwei Kähne ausgefaltet werden, sind aber von lauter Hanf gefertigt, und haben größere Maschen, als die Kurren. Man fängt damit Brassen, Sander, Bärse, Hechte und andere Fische, welche sich um die Herbstzeit in den Gewässern des Haffs befinden.

3) Die Keitel-Fischerei:

Die Keitel sind Garne, welche auf einem Brabben-Kahn von anderthalb bis drei Lasten ausgefaltet werden. Das Keitel-Netz ist ganz rund und dicht von Hanf geknittet, ungefähr sechs Faden lang. Ehemals waren die Maschen dieses Netzes so dicht, daß sogar der Fischsame damit eingefangen wurde.

II. In die Fischerei mit Booten ohne Segel.

1) Die Wind-Kartel-Fischerei.

Der Name Wind-Kartel erhält seine Bestimmung von der Winde, womit das Netz nach vollendetem Auswurf wieder in die Kähne aufgewunden wird. Diese Winde ist eigentlich eine Walze mit vier durchlaufenden Sprossen, und hat die Figur eines Holzboks, worauf das Holz gesägt zu werden pflegt. Diese Maschine ist in der Mitte des Kahns quer über gelegt, und läßt ihre Achse in zween eisernen Ringen laufen.

Gewöhnlich gehen zwei Garnkähne und zwei Hülfskähne zugleich aus; auf jedem derselben befinden sich zwei Menschen. Ein solches Garn kann bei günstigem Winde drei bis viermal in einem Tage ausgeworfen werden, und es werden dieselben Gattungen von Fischen damit gefangen, wie bei der Kurren- und Brabben-Fischerei.

2) Die Doben-Fischerei.

Diese wird in den sogenannten Doben oder Tiefen von den Kratkerorthschen Fischerei-Pächtern ausschließlich betrieben. Die Verfahrungsart ist dabei wie die bei der Wind-Kartel-Fischerei, nur sind die Netze größer und sechs Kähne dazu nöthig.

III. In die Stell-Fischerei.

Unter dieser werden alle Arten von Sakfischerei verstanden, die vermittelst der Priken eine gewisse Stelle einnehmen.

Die Priken sind von Birken- oder Ellernholz und drei bis vier Faden lang; mit diesen werden die Fischsäcke auf dem Grunde des Wassers befestigt. Die Säkke aber, oder Wenter sind entweder Schnepelsäkke, Aalsäkke, oder gewöhnliche Haffsäkke.

Alle diese Säkke werden von reinem Hanf geknittet, und bestehen aus vier Biegeln und drei Hauptstükken. Das Stük zwischen den beiden ersten Biegeln heißt der Vorderbauch, das andere Stük der Mittelbauch, und zwischen dem dritten und vierten Biegel befindet sich die Stagge, oder Staggin.

Der Sak ist gleichsam mit Intestinen versehen, die die kurischen Fischer Inkel nennen. Dieser Iekel, oder dieses innere Netz ist von Figur wie ein abgestumpfter Kegel, dessen Basis der Öffnung des Saks, das schmalere Ende aber der Stagge zugekehrt ist. Im Mittelbauch und in der Stagge ist ein solcher Sak, der dazu dient, dem Fisch die Rükkehr zu vereiteln.

Die Säkke werden paarweise im Haff ausgestellt, und mit einem aufrecht stehenden Garn verbunden, welches Leidings genannt wird. Schießt der Fisch auf den Leidings zu, so merkt er den Widerstand, und läuft, wenn er sich nicht geradezu umkehrt, längs demselben, bis er in einen oder den andern Sak hineingeräth.

1) Schnepelsäkke.

Zu einer Schnepelpante gehören vier Säkke mit einem Leidings. Sie werden mit einem

Bogen ausgestellt, und zwar mit der convexen Seite gegen die See hin, weil der Schnepel zu der Zeit, wenn man ihn am schmakhaftesten findet, und also am liebsten einfängt, aus dem Haffe in die See auswandern will.

Die Zeit dieses Fanges ist vom Anfange des Frühjahres bis zum 15ten May, alsdann werden die Lachswehren geschlagen.

2) Die **Aalsäkke** werden paarweise ausgestellt, und mit einem Leidings eingefaßt.

3) die **gewöhnlichen Haffsäkke**, und

4) der **Neunaugenfang.**

Die Neunaugen werden bei Schieske, Skirwiet, Ruß und im Amte Althoff-Memel bei Witte gefangen. Michaelis wird damit der Anfang gemacht, und bis in die Mitte des Januars damit fortgefahren. Leidings haben diese Säkke nicht.

IIII. In die kleine Fischerei am Rande des Haffs.

Hierunter wird die Klipp- und Wadenfischerei verstanden, wobei das Netz durch zwei Menschen am Ufer herumgezogen wird. Auf diese Art fängt man z. B. Kaulbärse und Plötze.

Die Fischer haben auch ganz besondere Kähne mit Segeln, worin sich die Fische lebendig erhalten. Diese Kähne nennt man Stauren oder Fischsäugen.

———

40.

Beschluß.

Wegen des anhaltenden ungünstigen Windes mußte ich drei Tage auf dem Fischerdorfe Nidden jours maigres halten, und suchte mir mit den Dingen die Zeit zu vertreiben, bei welchen meine Leser im vorigen Kapitel vielleicht die tödtendste Langeweile empfunden haben, wenn es anders nicht ganz überschlagen worden ist.

Endlich kamen wir im Flekken Schaken (von dem die kurischen Schiffer auch Schakner heißen) an. Hier geht man zu Schiff, wenn man von Königsberg aus zu Wasser nach Memel reisen will. Dieser Flekken liegt im eigentlichen Samlande, und zwar im Schakenschen Kreis ungefähr eine halbe Stunde Wegs vom kurischen Haff ab. In dem verfallenen Schlosse daselbst hat das Domänenamt seinen Sitz. Neben dem Schlosse liegt

das Vorwerk und der Bauerhof Liska Scha=
ten genannt, und eine halbe Viertelmeile da=
von die Kirche Schaken, bei der eine Inspek=
tion über zwölf Kirchen ist. Bei der Zukunft
des Ordens in Preußen hieß dieser Ort Schoka,
und war schon damals ein festes Schloß.

Von Schaken nach Königsberg sind noch
drei Meilen. Ich freute mich diese Stadt zu
sehen, in der sich so große Volksbeherrscher ha=
ben krönen lassen. Mein Genius verlor sich
in Betrachtungen, die ich gerne bei mir be=
halte, da sie mich beim Schlusse dieser Rücker=
innerungen zu weit führen würden, und da
ich glaube, daß sie ohnedem jedem nahe genug
liegen, welcher, vertraut mit der Geschichte
Preußens, die Stufen kennt, auf welchen die=
ses Königreich so schnell zu einer so bedeutenden
Höhe gestiegen ist. Wie weit ein verhältniß=
mäßig kleiner Staat *) durch gute Ökonomie

*) Preußen hat, mit Inbegrif seiner teutschen
Besitzungen, 3600 Q. M. Flächeninhalt, 6 Mill:
150,000 Unterthanen, 51 Mill. Rgulden Staats=

und durch weisen Gebrauch seiner Kräfte auszurichten vermöge, das hat in unserm Jahrhundert die preußische Monarchie durch ihr eigenes Beispiel aufs unwiderleglichste dargethan.

Königsberg wurde erst 1255 auf Anrathen des Böhmischen Königs Primislaus des Zweiten vom teutschen Orden zu bauen angefangen, als dieser König diesem Orden gegen die heidnischen Preußen zu Hülfe kam. Es gehört unter die Städte der ersten Größe, hat zwei Meilen in Umfang, über 4300 Häuser, die meistentheils drei, vier, auch fünf Stok-

einkünfte und nach dem Kriegsetat von 1790, 228,000 Mann Kriegstruppen.

Rußland hat, mit Inbegrif seiner asiatischen Länder, 320,000 Q. M. Flächeninhalt, 31 Mill. Unterthanen, 60 Mill. Rgulden Staatseinkünfte, und nach einer 1791 bekannt gemachten Liste 537,893 Mann Kriegstruppen.

Preußen ist also beinahe 89mal kleiner als Rußland, und verhält sich zu diesem wie 1 zu 88⅔.

werke hoch sind, 590 Speicher und an 1050 Stallungen.

Die Stadt hat drei Haupttheile, die Altstadt, den Kneiphof und den Löbenicht. Diese drei Theile machten ehemals gleichsam eben so viele besondere Städte aus, und hatten jede ihren eigenen Magistrat. Im Jahr 1724 sind sie aber alle drei in Einen Magistrat zusammengeschmolzen worden.

Der Kneiphof ist ganz vom Pregel umgeben, über den sieben hölzerne Brücken geschlagen sind; und daher ist dieser Stadttheil auch ganz vorzüglich zur Handlung bequem. Denn der Pregel ist innerhalb der Stadt 247 Schuh breit, hängt durch das frische Haff, in das er sich ergießt, mit der Ostsee, und durch die Deine mit dem kurischen Haff zusammen, und ist dabei so tief, daß die größten Schiffe zum Löschen und Laden bis an die Brücken kommen können. Gegenwärtig leidet die sonst sehr ansehnliche Handlung durch den Krieg mit Frankreich und Polen außerordentlich *).

Das Schloß liegt sehr vortheilhaft auf einer Anhöhe, aber es scheint ziemlich baufällig geworden zu seyn. Auf demselben versammelt sich das Etatsministerium, die Regierung, die Kammer und noch einige andere Collegia. Auch die königliche teutsche Gesellschaft hält hier von Zeit zu Zeit öffentliche Versammlungen.

Eine vortrefliche Aussicht genießt man unter andern auf der Brücke über dem in der Stadt befindlichen Schloßteich. Er ist auf beiden Seiten mit Gärten und Lusthäusern eingefaßt, und eine halbe Viertelmeile lang. Abends fahren gewöhnlich verschiedene Gesellschaften auf diesem Teich in Booten spazieren. Diese Wasserpromenade zwischen den Gärten gewährt

---

*) Man rechnet, daß im Durchschnitt jährlich 12 bis 1300 Schiffe in Pillau, dem gemeinschaftlichen Hafen von Königsberg und Elbing, einlaufen. Im Jahr 1783 kamen 1869 Seeschiffe an, und 1829 liefen aus.

sehr viel Vergnügen, zumal, wie das im Sommer jede Woche geschieht, wenn in einem dieser Gärten fröhliche Musik ertönt und das Auge zugleich durch die Beleuchtung oder Illumination des Gartens belüstiget wird. Als ich das erstemal über diese Brücke kam, konnte ich mich nicht enthalten, mitten auf derselben stehen zu bleiben, um mich nach Herzens Lust an diesem herrlichen Anblik zu weiden.

Die Anzahl der Studierenden auf der hiesigen, 1544 vom Kurfürst Albrecht (Collegium Albertinum), gestifteten Universität, soll sich auf 5 bis 600 belaufen.

Kant wird hier allgemein, auch von der Kaufmannschaft, sehr geschäzt. Ich führe diesen Umstand an, weil er mir eine Lobeserhebung auf das Königsbergische Publikum erspart. Kant gehört aber auch unter die Männer, die man in den alten Zeiten Propheten nannte, und unter diejenigen Gelehrten, die, wenn sie auch vom Katheder herabgetreten sind, durch die höhere Bildung ihres

Geistes noch gleich lehrreich bleiben und gleich angenehm unterhalten.

Die Königsberger zeigen sich was Selbstständigkeit und aufgeklärte Denkungsart betrift, als ächte Söhne Preußens. Sie geben Gott was Gottes ist, und dem Kaiser was des Kaisers ist; im übrigen aber lassen sie sich nichts aufbinden, was ihrem Verstande nicht eingehen will, sondern machen sich vielmehr mit Bonhommie darüber lustig.

Die Regierung ist weise und milde. Bekanntlich ist es im preußischen Staate Maxime, den Verstand der Nation aufzuklären und ihr durch uneingeschränkte Denkfreiheit einen Patriotismus einzuflößen, von dem einige mit Unrecht behauptet haben, daß er in Monarchien nicht Statt finden könnte.

Man findet in Königsberg viel Geselligkeit und Urbanität, und in Gesellschaften, statt steifer und nonsensicalischer Etikette, feine und ungezwungene Lebensart.

Ich habe mich nur drei Wochen in dieser Stadt aufgehalten; allein es war mir unmöglich, die Menschen, die ich während dieser Zeit kennen lernte, nicht zu lieben, und mein Schiksal, das mir diesen Ort sobald wieder zu verlassen befahl, nicht zu beklagen. Ich reiste nämlich von hier aus zu Schiff nach Teutschland, wo ich entfernt von öffentlichen Geschäften, in einem Winkel zur Erheiterung meines Geistes diese Rükerinnerungen schrieb, aber während des Schreibens doch oft die Heiterkeit vermißte, die derjenige so nöthig hat, der andere angenehm zu unterhalten wünscht.

Ich fühle es daher sehr wohl, daß ich manches Kapitel würde haben interessanter machen, an vielen Stellen meinen Vortrag mit mehreren Ideen bereichern und ihm ein leichteres Gewand geben können, wenn ich zu einer andern Zeit und in einem Gemüthszustande geschrieben hätte, wo mein Kopf weniger von niederschlagenden Betrachtungen gespannt, und meine Seele von Entwürfen auf die Zukunft freier gewesen wäre.

Wenn von den drei Töchtern der Zeit, die **Vergangenheit** und die **Gegenwart** die Stirne halten, so ist es schwer, meine theuersten Leser, der Zukunft ein Lächeln abzugewinnen.

Noch **Eins** füge ich hinzu.

Das **Höfeln** habe ich unterlassen, weil es den Schriftsteller erniedrigt und den Sünder ungebessert läßt. Doch habe ich manchmal dem unartigen Kinde, wenn ich ihm erst den Spiegel vorgehalten hatte, zugerufen: **ey! was du artig bist!** und glaube dadurch die Sache der Wahrheit um so weniger verrathen zu haben, da es bekanntlich oft besser ist, sie demjenigen, den sie treffen soll, leise ans Herz zu legen, als mit Ungestüm in den Bart zu werfen.

www.ingramcontent.com/pod-product-compliance
Lightning Source LLC
Chambersburg PA
CBHW030549300426
44111CB00009B/906